LA LOI,

JUSTE LA LOI !

PAS LA ~~MORALE~~

Image de couverture : © AFP, 2022
Conception de la couverture : Christophe Petit

Collection « Hugo Doc » dirigée par Arthur de Saint Vincent
Éditeur : Franck Spengler

34-36, rue La Pérouse
75116 - PARIS
www.hugopublishing.fr

ISBN : 9782755678048
Dépôt légal : octobre 2024
Imprimé en France par CPI Bussière

Randall Schwerdorffer
Franck Spengler

LA LOI, JUSTE LA LOI ! PAS LA ~~MORALE~~

Hugo Doc

AVERTISSEMENT

Tout ce qui est raconté dans ce livre est véridique. Rien n'est inventé. Mais certains noms ont été changés, et parfois les lieux, pour protéger l'anonymat des personnes qui, dans les affaires qui vont suivre, ne souhaitaient pas être identifiées.

À Gilbert Thiel, magistrat,
pour sa gentillesse, sa sagesse de juge pas sage
et son amour sans condition de la justice pénale.
À mon médecin et ami,
Éric Remillet, et son épouse Joceline.

Ce livre est dédié à tous les confrères qui m'ont un jour aidé
ou soutenu dans mon parcours d'avocat pénaliste :
Jean-Marc Florent, Pierre-Olivier Sur,
Daniel Soulez Larivière, Thomas Bidnic, Florence Vincent,
Philippe Screve, Francis Vuillemin, Samuel Estève,
Bruno Nicolle, Sylvie Galley, Agathe Henriet,
Clarisse Serre, Jean-Baptiste Euvrard,
Alain Dreyfus-Schmidt, Hervé Temime,
Marylène Correia, Antoine Fittante,
Claudel Georges Delumeau, Patrick Spinosi,
Anthony Truchy, Damien Varlet.

PRÉFACE

PAR MAÎTRE JEAN-BAPTISTE EUVRARD, AVOCAT PÉNALISTE

La vie judiciaire est faite de rencontres, bonnes et surtout mauvaises. Certains de ceux qui viennent nous voir, certains de ceux qui jugent, certains des enquêteurs, certains d'entre nous, avocats, vous laissent un goût si amer que vous vous prenez d'une envie folle d'ensauvagement.

Et il y a les autres…

Ceux qui, chaque fois que vous vous dites que c'en est trop, que vous ne comprenez plus vous-même pourquoi vous vous exposez à tant de violence, de charge de travail, de méchanceté, vous convainquent par leur simple exemple qu'il vous faut encore un peu vous battre pour ce qui vous a porté à rejoindre ce drôle de métier de l'exercice du droit, et plus spécialement encore, de la défense pénale.

Ce jeune d'Afrique subsaharienne qui, recommandé par un estimé magistrat, atteint de la poliomyélite, vous confie sa vie, après avoir traversé la moitié d'un continent porté par son jumeau, avoir vu ses parents égorgés par des sauvages parce qu'il ne partageait pas les mêmes idéaux politiques, avoir été brûlé au chalumeau et dépouillé par des faquins sans foi ni loi.

Ils sont seuls, en France, et un obscur scribouillard administratif a jugé utile de lui répondre, sa demande d'asile déposée, que ce qui lui restait de peau pouvait bien être dépecé « chez lui ».

Vous l'aidez, du mieux que vous pouvez, finissez par convaincre ses juges que sa vie est maintenant française. Et chaque année, il vous envoie ses pensées, vous raconte un peu de sa nouvelle existence et vous remercie de lui avoir permis la vie sauve.

Il y a ce magistrat, dur avec les puissants et doux avec les faibles, qui poursuit une carrière émérite dans les tribunaux du ressort comtois, tenant ses audiences avec humour, humanité et fermeté lorsque c'est nécessaire.

Vous vous dites alors : « Mais pourquoi lui n'est pas appelé dans les plus hautes instances, quand d'autres profitent de promotions à la médiocrité ? »

Ces gendarmes qui n'oublient jamais de proposer à l'un de leurs « clients », même les plus pénibles et les plus acrimonieux, une attention, un café ou un trait de légèreté, soucieux de ne jamais sacrifier l'humanité qui doit présider à tous les rapports humains, à la nécessaire fermeté d'une enquête efficace.

Et dans notre corps alors ?

Des infatués, des intéressés, des fainéants, des poseurs, des hâbleurs, des vicieux, vous en trouverez à la pelle tant ce métier peut attirer les profils les plus détestables.

Plus rares sont ceux pour qui vous vous dites : « Si un jour moi ou l'un des miens avons un problème, je l'appellerai. »

Souvent alors ceux-ci sont sensibles à une idée simple, mais essentielle en ces temps de moralisme benêt.

La justice est un combat, et pour la pratiquer, il faut être un combattant. Il faut se garder de ses opinions personnelles, et de celles des autres, s'extraire de la bien-pensance généralisée qui semble tant serinée actuellement qu'elle fait office de réflexion. Rester à nos principes cardinaux, la présomption d'innocence, l'irrévérence si nécessaire, le doute toujours.

Pourquoi ?

Parce que l'opinion ou la morale, on la nommera comme il plaira, n'a jamais participé au contrat social, que la justice doit infiniment servir.

Comment ?

En ne faisant jamais qu'appliquer la loi, sauf lorsque celle-ci est scélérate. Parce que la loi est la grande lumière qui éclaire nos obscurantismes individuels et nous garantit la sécurité et la sérénité sociale, pierres taillées d'un régime démocratique, assurance de bonheurs individuels.

La loi, juste la loi.

Maître Randall Schwerdorrfer, ou Maître Randall Schoendorver, comme l'appelle une fois sur deux ma belle-mère (c'est vrai que l'on n'a pas idée d'avoir un nom si imprononçable) est de ceux que j'appellerais sans hésitation. Il est un combattant.

« Le mal qui est dans le monde, vient presque toujours de l'ignorance, et la bonne volonté peut faire autant de dégâts que la méchanceté si elle n'est pas éclairée. »

Albert Camus, *La peste*

Être avocat, c'est être un combattant éclairé du droit.

Chapitre 1

Au nom de la loi

J'ai aujourd'hui cinquante-quatre ans et j'ai connu le monde d'avant, celui sans Internet, où il n'y avait que trois chaînes de télévision, télévision que l'on regardait en famille d'ailleurs, comme la grand-messe du 20 heures. Et puis, il y a eu le monde d'après, celui d'Internet, celui des réseaux sociaux et de l'explosion des chaînes de télévision, du téléphone portable, puis du smartphone. Dans le monde d'avant, la réflexion n'avait pas encore cédé sa place à l'émotionnel permanent, au pathos affiché, même s'il faut reconnaître que certaines fois, au travers de certaines affaires judiciaires hors normes comme celle du petit Grégory, de Christian Ranucci ou de Patrick Henry, l'expression populaire la plus primitive et violente s'exprimait via la télévision dans la salle à manger des Français, médusés et fascinés par l'horreur criminelle, puis se transportait devant les tribunaux en hurlant : « À mort l'assassin. »

Aujourd'hui, on observe une société qui devient de plus en plus morale, c'est ce que je constate au quotidien dans la pratique de mon métier d'avocat, dans tous les domaines, bien au-delà du droit, y compris au travers des médias.

À titre d'exemple, en tant que citoyen, lorsque j'assiste au procès médiatique surréaliste de CNews et C8 (le procès Bolloré, en réalité) devant la commission d'enquête sur l'attribution des fréquences de la TNT, je constate à quel point la morale domine la société. On a ainsi vu des députés (des juges, en réalité) partiaux qui demandaient des comptes à des journalistes comme dans les plus grandes dictatures et au plus grand mépris de la liberté d'expression, en jouant les maîtres d'école. Une farce ridicule et dangereuse. Le message est assez simple, il est reproché en réalité à ces deux chaînes de véhiculer un message politique de droite, voire d'extrême droite, et aussi anti-palestinien donc pro-israélien. Le comble, on leur reproche d'être un média d'opinion. Il est vrai que *Libération* n'est pas un journal d'opinion, pas plus que France Inter ou les autres chaînes de télévision comme France 2 par exemple. En réalité, tous les journalistes sont des journalistes d'opinion. En revanche, pour C8 et CNews, cela est manifestement interdit. La liberté d'expression, d'information, se module manifestement, pour cette commission très moraliste, en fonction de l'opinion. Le message serait : « Vous n'avez pas le droit de choisir l'information que vous délivrez, vous devez délivrer la même que tous les autres médias, mais surtout celle que nous jugeons moralement impérieuse, mais aussi audible. Cela doit être le pluralisme de l'information actuelle. » Il est vrai qu'une seule chaîne d'information suffirait alors, et on aurait un journaliste neutre comme Aymeric Caron, dont tout le monde a pu se rendre compte de l'impartialité, et tout irait pour le mieux.

Poser la question à Monsieur Bolloré de savoir si sa chaîne d'information sert un intérêt public est aussi bête que demander au patron d'une usine de construction de voitures si sa production est d'intérêt public. Il s'agit de chaînes privées. On a beaucoup critiqué en son temps le général de Gaulle et son ministère de l'Information créé en 1963 avec à sa tête Alain Peyrefitte, comme surveillant et filtrant, au-delà des programmes de l'ORTF, l'information. En 2024, on a fait beaucoup mieux en créant, excusez-moi du peu : la Commission d'enquête sur l'attribution, le contenu et le contrôle des autorisations de services de télévision à caractère national sur la télévision numérique terrestre. Une commission de censure morale par des députés politisés, un petit comité de salut public comme au bon vieux temps de la Terreur, où une poignée de représentants du peuple s'érigent en censeurs moraux de la circulation de l'information, mais aussi de la, ou plutôt des pensées. La morale ambiante, c'est aussi cette régression-là, celle de la pensée acceptable de quelques-unes et de quelques-uns (écologistes et néoféministes, islamo-gauchistes, wokistes, etc.) qui décident de qui est moral dans notre société, de ce qui n'est l'est pas (jusqu'à l'information) et de qui est quelqu'un de bien ou de qui ne l'est pas ! Il est vrai que, dans un tel contexte, être jugé d'immoral par une oligarchie de moralistes « auto-autorisés et autoproclamés » me semble être un privilège de premier choix.

De nos jours, tout est sujet à discussion, tout est sujet à polémique et tout le monde a un avis sur tout, y compris sur ce qu'on ne comprend pas et ne connaît pas. On pourrait presque dire que ce n'est pas parce qu'on ne sait rien qu'on n'a pas le droit de donner son avis comme si on savait tout. La justice n'est pas un sujet en reste en la matière, hélas, trois fois hélas… Au nom de la loi est devenu aujourd'hui : « Au nom de la morale » !

La loi, c'est ce qui nous est commun à tous et doit, en principe, nous rendre tous égaux face à elle. Il y a des règles et, concernant la matière pénale, il y a des textes de lois qui disent et font le Code pénal et le Code de procédure pénale. L'idée réside dans le fait que la loi est la même pour tous.

La loi, c'est la loi votée par les représentants du peuple français pour toutes les personnes qui vivent en France, y compris les étrangers qui résident sur notre territoire. La loi définit ce qui est autorisé et ce qui ne l'est pas. L'avantage, c'est que la loi est commune à tous les justiciables et, n'en déplaise à certains esprits faibles de la République qui se complaisent dans les thèses complotistes, la loi est la même pour tous, elle n'est ni bonne ni mauvaise. Une fois qu'elle est votée et promulguée selon notre processus démocratique, c'est la règle qui s'impose à nous tous. C'est un peu l'antithèse des religions, avec ce seul point commun, c'est qu'elles sont toutes, sans exception, de création humaine. En dehors de ce point commun, elles ont des vérités diverses, des dogmes convergents ou divergents qui ne peuvent jamais s'imposer au-dessus ou à l'égal de la loi.

La morale, c'est tout autre chose. Je dis parfois dans les tribunaux que la morale n'a pas droit de cité à l'audience. Que la morale est le pire ennemi du droit, et du droit pénal en particulier. Certains de mes détracteurs disent que cela signifie que je suis un homme sans morale, voire immoral. Il s'agit d'une confusion des genres particulièrement regrettable et une dérive judiciaire tout aussi regrettable et dangereuse.

J'ai une morale, ma morale. Elle m'est personnelle, comme chaque morale. La mienne est un mélange d'influences qui commencent par mes principes d'éducation, par les règles du bushido[1] que j'ai apprises durant mon exploration des arts martiaux, mais aussi de concepts religieux et philosophiques qui viennent de mon éducation judéo-chrétienne et de mes rencontres, mes lectures et mes réflexions personnelles. La seule

1. Le bushido est le code des principes moraux que les guerriers japonais (samouraïs et bushi) étaient tenus d'observer.

place pour la loi qu'il y a dans ma morale, c'est que la loi, nonobstant mes règles morales personnelles, est toujours au-dessus de ma morale. Quoi que je pense d'une règle de droit, de son ineptie, de son iniquité ou de son mal-fondé, je m'oblige toujours à la respecter. Pourquoi ? Parce que la loi est au-dessus de ma morale personnelle et surtout au-dessus de toutes les morales et toutes les philosophies et les religions, quelles qu'elles soient. À la différence de la loi, la morale est multiforme. Chacun a sa propre morale, sa propre conscience et ses propres valeurs. Le problème, c'est qu'il y a des multitudes de morales et certaines sont contradictoires, voire complètement divergentes, ce qui crée naturellement une anarchie univoque entre les différentes morales. Il se peut même que la morale de certains soit immorale pour d'autres, les exemples sont malheureusement légion à une époque où les radicalismes religieux, par exemple, sont de plus en plus prégnants.

Lorsque le procès de Jonathann Daval est intervenu à Besançon le 10 avril 2024, nous nous sommes retrouvés en plein cœur d'un débat moral. Jonathann avait-il le droit de mentir durant son instruction criminelle. Le droit de mentir, quelle monstruosité morale est-ce là ?

En juin 2018, après avoir avoué le meurtre de sa compagne Alexia, Jonathann Daval a fait volte-face et accusé Grégory Gay, son beau-frère, d'avoir tué Alexia chez ses beaux-parents lors d'un repas familial et d'avoir ensuite, avec l'aide de ses beaux-parents, déplacé le corps d'Alexia jusque dans le bois d'Esmoulin et de s'être tous mis d'accord pour faire croire à sa disparition. Une fois arrêté, il a expliqué qu'il s'était accusé à la place de Grégory Gay pour ne pas rompre le pacte familial et protéger ce dernier de l'incarcération pour ne pas priver le fils de Grégory Gay de son père.

Il s'agit là d'un mensonge qui a mûri d'une façon assez intéressante puisqu'on le voit apparaître dans les écoutes téléphoniques survenues entre lui et sa mère, Martine Henry, où l'on comprend qu'elle n'accepte pas sa culpabilité et qu'elle est persuadée que Jonathann cache la vérité sur la mort d'Alexia. Ces écoutes sont réalisées sur ordre du juge d'instruction en charge de son affaire lorsque Jonathann appelle sa mère depuis la cabine téléphonique de la maison d'arrêt. D'un autre côté, Jonathann Daval l'expliquera très bien à son procès, quand on est enfermé en prison, on a une seule obsession, c'est d'en sortir. Voilà le terreau du mensonge immoral de Jonathann Daval. Là-dessus, on est tous d'accord, le fait d'avoir accusé Grégory Gay de meurtre et sa belle-famille, et d'avoir mis en place un complot pour masquer ces faits criminels, est ignoble. Jonathann Daval ne s'est pas caché derrière qui que ce soit à son procès en avril 2024, il a expliqué son mensonge et était parfaitement conscient de son caractère infâme. Selon la clameur publique, sur les réseaux sociaux et autres, on comprend donc que Jonathann est coupable, il le reconnaît, il doit donc être condamné, mais condamné au nom de quoi ?

Au nom de la morale, oui, mais de laquelle ? En réalité, en France on ne condamne pas un homme au nom de la morale, on le condamne au nom de la loi pénale et rien d'autre. La condamnation par la morale, c'est l'expression même de la barbarie. C'est le cas terrible du jeune Shamseddine battu à mort parce qu'il s'intéressait à une jeune fille de religion musulmane. Aux yeux de la loi pénale, il n'y avait rien à lui reprocher. Il est tout à fait légal de draguer une adolescente lorsqu'on est adolescent, y compris d'avoir des relations sexuelles avec elle si elle est consentante, peu importe sa religion. Cela, hélas, n'a pas été l'avis de ses assassins qui, eux, se sont placés du point de vue de leur morale.

La loi ne gère pas ce genre de rapport qui relève exclusivement de la vie privée, et on peut aussi penser que Dieu, quel que soit le nom qu'on lui donne d'ailleurs, Allah ou Jéhovah, Dieu… s'il existe, n'en a certainement strictement rien à faire de la sexualité des jeunes croyants.

La morale, c'est autre chose, c'est un monstre à plusieurs visages. Si l'on prend ma morale qui ne vaut pas moins (ni plus) que celle des autres, eh bien, on trouvera que la démarche de Shamseddine est plus que morale et normale. Qu'il s'intéresse à une jeune fille et lui témoigne de l'intérêt, voire plus, fait partie de l'apprentissage de la vie, pour lui, comme pour elle. Pour d'autres, c'est inacceptable. C'est une atteinte à l'honneur de la famille qu'une jeune fille soit courtisée et témoigne des envies d'une jeune fille de son âge. Si l'on est construit comme un citoyen français, on ne peut avoir qu'une seule réaction, c'est de respecter la loi et donc la volonté et le consentement des adolescents, rien d'autre. Si l'on est construit dans le mépris des lois et de l'État de droit, on va privilégier sa propre morale, qu'elle soit religieuse ou autre d'ailleurs. En l'espèce, des membres de la famille de la jeune fille courtisée se sont arrogé le droit de punir un comportement légal, celui de Shamseddine, qu'ils ont jugé comme étant immoral, allant jusqu'à le tuer. Pourquoi ? Parce qu'ils sont certains de leur bon droit, la morale (la leur en tout cas) étant de leur côté, exclusive de la loi de notre État de droit.

J'ai défendu un homme, il y a un an de cela, qui avait massacré son neveu parce qu'il était homosexuel, pour laver l'honneur de sa famille ! J'ai essayé de lui expliquer que l'homophobie n'était ni un avis ni une opinion, mais une infraction pénale en soi. Rien n'y a fait, la morale de sa famille lui paraissait supérieure à la loi. Le tribunal l'a condamné très sévèrement, en raison des faits, mais peut-être aussi de sa motivation portée comme un étendard à l'audience : « Je n'ai rien contre les homosexuels, mais pas chez nous » !

Il n'y a aucun « bon droit » dans ces deux dramatiques exemples. Il n'y a là que l'application concrète de la barbarie justifiée par la morale qui devient, par là même, immorale par rapport à la morale de la plupart des citoyens français, mais surtout, et c'est bien là la seule chose qui ait en réalité une valeur de référence pour tous, c'est illégal. Tuer quelqu'un est toujours illégal, sauf lorsque l'on est en état de nécessité ou de légitime défense, mais là encore, c'est la loi qui définit ces notions juridiques, pas la morale.

Le cas du jeune Shamseddine n'est qu'un exemple parmi d'autres, mais quand la morale dicte les comportements, alors, pour ceux qui le commettent, le lynchage devient juste, pas légal, mais juste et justifié. Un homme a tué, alors on a le droit de le tuer. Une vie pour une vie, autrement dit, la loi du talion.

Dans l'affaire Daval, le discours que j'ai tenu au tribunal de Besançon avec maître Ornella Spatafora qui avait monté l'argumentaire juridique de cette affaire délicate, était qu'en France le Code de procédure pénale reconnaît à toute personne – prévenue ou accusée – le fait de mentir. Pourquoi ? Le fondement est aisé à comprendre : un accusé ne prête pas serment lorsqu'il fait des déclarations et il n'est pas censé s'auto-incriminer hors la présence d'un avocat. Un gardé à vue qui avoue des faits criminels ou délictuels hors de la présence d'un avocat ne peut en aucun cas, sur ces seuls aveux, être condamné. C'est la loi. Les tribunaux ont donc consacré, au nom de la loi, le droit pour un accusé de mentir. Le tribunal correctionnel de Besançon l'a relaxé le vendredi 24 mai 2024, en faisant une stricte application du droit. En principe nous aurions dû en rester là, sachant que tout le monde était unanime lors de ce dernier procès : il fallait que cela s'arrête et qu'on cesse de parler de l'affaire dite « Daval ». À l'heure où j'écris ces lignes, la famille d'Alexia a fait savoir qu'elle faisait appel de ce jugement. Il faut savoir qu'en matière pénale seul le procureur de la République peut faire appel de la relaxe pénale, pas les parties civiles, c'est la loi. En conséquence et vu que le procureur n'a pas interjeté appel de la relaxe, cette dernière est définitive ; mais il y a appel sur les intérêts civils, c'est-à-dire les demandes de dommages et intérêts, autrement dit « l'argent ». La famille d'Alexia avait pourtant parlé d'une affaire de principe concernant les mensonges de Jonathann, il était moralement inacceptable de ne pas l'attaquer devant le juge pénal en dénonciation calomnieuse après les accusations qu'il avait proférées vis-à-vis d'eux durant l'instruction criminelle. Tout cela était moralement inacceptable pour eux. Désormais, leur appel ne concerne que les dommages et intérêts et on voit assez peu en quoi réclamer de l'argent au meurtrier de leur fille en raison de ses mensonges serait de nature à moralement les apaiser. Mais c'est ainsi, l'affaire Daval est désormais une affaire d'argent.

Quoi qu'il en soit, le mensonge c'est mal, c'est immoral, reprendront immédiatement certains lecteurs horrifiés par ce que j'écris. Pas que des lecteurs d'ailleurs, une consœur, maître Laure-Alice Bouvier, a écrit dans *Le Figaro* un article sur la suppression du droit de mentir juste après l'audience du 10 avril 2024, proposant la prestation de serment obligatoire pour l'accusé et donc l'infraction de parjure en cas de mensonge avéré ; pourquoi pas supprimer l'avocat de la défense et les droits de la défense ?

La morale, c'est aussi cette plainte que j'ai déposée contre Madame Isabelle Fouillot et sa fille Stéphanie qui colportent de fausses informations sur l'affaire « Daval » dans la série diffusée sur Canal +. Affirmer qu'il a empoisonné Alexia est totalement inexact. Prétendre qu'il a provoqué la fausse couche d'Alexia, encore plus. Et pourtant, le mensonge, dans ce cas, est visiblement moral. Pourquoi ? Parce que de nos jours les victimes ont tous les droits, y compris celui de mentir ou de diffamer. Lorsque le journaliste qui a participé à la réalisation de la série de Canal+ sur l'affaire Daval, Thomas Chaigneau, s'est permis de parler, sur le plateau de Dominique Rizet et Philippe Gaudin dans *Affaire suivante* sur BFM, de la thèse du viol post-mortem sur Alexia qui n'aurait jamais été écartée, on est soit dans l'ignorance complète de l'affaire, soit carrément dans le mensonge. Il en est de même lorsqu'il est précisé, dans cette même série purement commerciale, que Jonathann Daval serait l'homme le plus lourdement condamné en France pour ce qu'ils appellent un « féminicide » ! Vingt-cinq ans sans période de sûreté spéciale ! Et l'affaire Douib, condamné à perpétuité ; et l'affaire Jean Régis, trente ans de réclusion, Rachid Askari, trente ans… et tant d'autres… Un mensonge qui, une fois de plus, ne provoque aucune réprobation, ni morale ni légale.

Malgré tout, le mensonge est rarement positif. Personnellement, je déteste les menteurs, je préfère la mauvaise foi, cela nécessite plus de talent et il est hors de question d'en laisser le monopole à la gent féminine. De toute façon, le problème n'est pas là. La loi n'interdit pas le mensonge aux accusés et, donc, il n'y a aucune raison qu'on sanctionne Jonathann Daval pour ses mensonges, fussent-ils odieux. La loi ne punit pas les mensonges d'un prévenu ou d'un accusé lorsque ces derniers sont faits de façon spontanée et qu'ils s'inscrivent dans le cadre de sa propre stratégie de défense. *Sed lex, dura lex* ; la loi est dure, mais c'est la loi.

Donc naturellement en droit, les mensonges de Jonathann Daval ne relèvent pas de la dénonciation mensongère et aucune loi pénale ne permet de le condamner à ce titre.

Le soir même du procès de Jonathann Daval, j'ai donné une interview sur RTL et le journaliste qui m'interrogeait m'a demandé si je comprenais que « cela puisse choquer que Jonathann Daval ne soit pas condamné pour ses mensonges ». Sa question était le reflet de ce qui circulait à ce moment-là sur les réseaux sociaux mais aussi, malheureusement, le reflet de la pensée générale de notre société. Il est regrettable que la presse se fasse parfois l'écho de la morale et attise l'émotion populaire. Ma réponse ne lui a manifestement pas convenu, mais je la maintiens : « Ce qui me choque, c'est que des gens soient choqués qu'on applique la loi ! Le fait que Jonathann avait le droit de mentir et qu'il ne pouvait pas être condamné pénalement était parfaitement légal. Ce n'est pas mon avis, ce n'est pas mon choix ou une provocation, c'est l'application stricte de la loi. Ce qui me choque, moi, c'est que les citoyens soient choqués qu'on applique la loi. »

J'ai conscience d'appartenir à la minorité, cette minorité qui ne raisonne pas en se disant, face à une situation qui l'interpelle : « Est-ce que c'est normal ? Est-ce que c'est juste ? Est-ce que c'est correct moralement ? Est-ce que je suis d'accord avec ce qui se passe, ce qui se fait, ce qui est décidé ? », mais simplement : « Est-ce que c'est légal » ?

Si l'on transpose cette question à toutes les situations : « Est-ce que c'est légal ? », eh bien, on obtient la réponse à un bon nombre de comportements moralement et socialement déviants. Le pire, c'est que ces comportements déviants (comme la vengeance) sont tous jugés au travers du prisme de l'œil de ces déviants comme justes selon leur propre morale, y compris, parfois, par des journalistes.

Est-ce légal de tuer un homme qui boit une bière le dernier jour du Ramadan ? Est-ce légal de tuer un jeune homme qui courtise une jeune fille ? Est-ce légal de tuer un dessinateur qui blasphème ? Est-ce légal d'incendier un cinéma qui projette le film *La dernière tentation du Christ* réalisé par Martin Scorsese ? Est-ce légal de demander à une femme voilée de quitter une assemblée d'élus ? Est-ce légal de tuer une femme adultère comme je l'ai un jour presque entendu dans un procès par le fils de la victime, sa mère, qui avait trompé son père (« chez nous, les gens du voyage, ça ne se fait pas, c'est une question d'honneur ! ») ou de frapper son cousin parce qu'il est homosexuel et que ça ne se fait pas non plus chez certains ! Tous ces cas de figure existent et se répètent constamment dans notre société qui se fragmente de plus en plus.

La réponse à toutes ces questions, du point de vue de la loi, c'est non, et c'est la seule chose qui doit compter. Remettre la loi au-dessus de tout (et pas la République) relève de façon impérieuse de l'éducation et, sans aucun doute, des défis du politique dans son ensemble. Certes, cela n'empêchera jamais la délinquance, le vol, l'escroquerie, le proxénétisme, le trafic de stupéfiants, les viols et les meurtres, mais cela contribuerait sans doute à améliorer le vivre ensemble. La loi est ce qui nous unit tous, la morale, quelle qu'elle soit (philosophique, religieuse, communautariste), est ce qui nous désunit tous, en ce sens qu'elle est toujours multiple et différente en fonction de chacun. La loi, elle, a cet avantage suprême sur les morales qu'elle est la même pour tous et ne souffre d'aucune interprétation, mais seulement d'une logique de justice unique par et pour tous.

Chapitre 2

La morale et les affaires sexuelles

Depuis 2017, le mouvement #MeToo continue à faire des ravages. La doxa qui consiste à « croire une femme quand elle accuse un homme » persiste. Ce n'est pas la libéralisation de la parole de la femme qui pose problème ni que l'on soit sorti de la société patriarcale, c'est la sacralisation de cette parole qui en est l'écueil. La morale de #MeToo est une morale libératoire de la parole de la femme, mais qui est devenue, par ses excès, tyrannique. Elle ne souffre aucune contradiction sous peine, pour celui ou celle qui ose la remettre en cause, d'être immédiatement taxé de nostalgique du patriarcat et d'ennemi du féminisme. D'accord, mais quel féminisme ? Il y a tellement de courants qu'on s'y perd, mais ce sont les courants radicaux et fascistes qui prospèrent le plus dans l'opinion.

Les crimes passionnels n'existeraient plus, paraît-il. La doxa est tellement puissante qu'aucun journaliste aujourd'hui n'ose prononcer cette expression qui lui vaudrait, c'est certain, un bannissement immédiat du PAF. On dit « féminicide », un point c'est tout, et gare à celui qui ose distinguer dans l'iter criminis, les mobiles (crapuleux, possessionnels, pulsionnels, passionnels, etc.). En revanche, on se tait concernant les meurtres entre homosexuels ou transgenre. Quand une femme tue son compagnon, c'est qu'elle devait être victime de violence ou, pire, sous l'emprise psychologique d'un mâle malfaisant. C'est simplement que l'ennemi de tous ces courants extrémistes, c'est l'homme hétérosexuel, le modèle du monde préhistorique des années avant #MeToo.

Le problème aujourd'hui, notamment pour les hommes connus ou reconnus, ce n'est pas d'être coupable de viol, d'agression sexuelle ou de harcèlement sexuel, c'est uniquement celui d'en être accusé.

Je dis bien accusé, pas définitivement condamné et reconnu coupable par la justice, mais simplement accusé.

Selon le principe moral du mouvement #MeToo, à partir du moment où une femme accuse un homme de l'avoir, d'une façon ou d'une autre, abusée, alors il faut la croire puisque sa parole accusatrice devient, en accusant, une preuve irréfutable.

La magie de #MeToo est là. Le procès est donc inutile puisque la doxa morale se substitue à l'enquête judiciaire et à la condamnation. Pire, lorsqu'un homme est pointé du doigt et accusé en tant que « prédateur sexuel ». Et même si une relaxe ou un acquittement sont prononcés, cela ne changera rien, le « dénoncé » restera définitivement un agresseur sexuel à bannir de l'espace médiatique et professionnel. La présomption d'innocence n'existe plus en la matière ! C'est une légende ancienne, un souvenir lointain, plus du tout un principe fondamental de notre système juridique. La barbarie morale est en place. Le temps où on inversera la charge de la preuve arrive à grands pas. Un jour, la loi pliera sous cette pression morale et ce sera à l'homme accusé de viol de démontrer son innocence, c'est-à-dire de démontrer le consentement de la personne qui l'accuse ou son mensonge. On va arriver à un système juridique de contrat sexuel qui devra prévoir que l'acte sexuel à venir est consenti par les deux parties et qui déterminera les pratiques liées à ce consentement contractuel pour éviter tout procès ultérieur. Encore faudra-t-il s'assurer que le consentement de la partenaire ne souffrira d'aucun vice du consentement que sont le dol[2], l'erreur sur la substance, voire la lésion. Dans l'idée, avant tout rapport sexuel, il faudrait signer un contrat en bonne et due forme ou alors filmer la scène avec l'accord de son partenaire ou encore demander la présence de témoins pour constater le consentement du partenaire féminin. (Pour l'homme, pas besoin, il est présumé être toujours d'accord !)

Le délire d'un petit avocat de province, quinqua et blanc, forcément rétrograde, diront certains Peut être, peut-être pas…

Si on s'offre une petite rétrospective des rapports hommes-femmes, force est de constater de nombreux changements. Positif en ce que les femmes sont maintenant entendues et que les hommes, puissants ou pas, ne disposent plus des femmes en profitant de leur position économique, sociale ou d'un quelconque privilège. Tant mieux. Les femmes avaient-elles une responsabilité à l'époque de la promotion canapé ? Oui, sans doute, pour celles qui en profitaient et non pour celles qui le subissaient, mais toutes n'acceptaient pas de subir le patriarcat des années 70, 80 et 90. Il est d'ailleurs assez amusant et regrettable que le film de Didier Kaminka, sorti en 1990, *Promotion canapé*, ne passe jamais à la télévision.

À titre d'exemple, l'une de nos consœurs, Gisèle Halimi, a réussi mieux que beaucoup d'hommes, sans jamais avoir recours à la promotion canapé. Aujourd'hui, les comportements

2. Le dol est le fait pour un contractant d'obtenir le consentement de l'autre par des manœuvres ou des mensonges.

déviants du siècle précédent sont proscrits et je le dis au nom de la très grande majorité des hommes (je l'espère !), tant mieux. Négatif, en ce que les hommes commencent à avoir peur des femmes. Beaucoup de professionnels, médecins, avocats et autres ne reçoivent plus une femme seule en rendez-vous ou le font dans un bureau ouvert aux yeux de tous. C'est une précaution. Dans les années 80, 90, lorsque l'on sortait en boîte de nuit, il y avait une véritable culture de la drague chez les jeunes, filles comme garçons. Nos seules angoisses de l'époque étaient le SIDA et le chômage. En dehors de ça, on se posait assez peu de questions, mais le SIDA a traumatisé la génération des années 80 et 90, la génération Y. Pas de problèmes de religion à cette époque, les filles issues de l'immigration au sens large se comportaient comme les autres et l'idée même qu'avoir une relation avec une jeune femme d'obédience musulmane ou autre puisse dégénérer n'était pas dans nos logiciels d'adolescents et de jeunes adultes. En boîte de nuit, le deal était simple. Il y avait en général quatre séries de slows. Le but, le plus souvent, était de sortir avec une fille qu'on ne connaissait pas, de l'inviter à danser et de parvenir à l'embrasser et sortir avec elle le temps de trois ou quatre chansons et, dans l'idéal, de finir la nuit ensemble (une nuit étant à l'époque déjà bien). Aujourd'hui, un slow serait qualifié d'agression sexuelle. Je ne dis pas qu'à mon époque c'était mieux, mais simplement que les hommes n'étaient pas présumés être des prédateurs et les femmes des victimes de ces horribles hommes qui ne pensent qu'à une seule chose, le sexe. Il est vrai, j'oubliais, que les femmes, elles, n'y pensent jamais.

Je ne crois pas pourtant que la pulsion sexuelle féminine soit très différente de la pulsion sexuelle masculine. Toujours est-il qu'aujourd'hui, la pulsion sexuelle masculine se doit d'être discrète et prudente vis-à-vis de la morale ambiante, sachant que l'accusation, y compris fallacieuse, est facile et les conséquences dramatiques et irrémédiables pour l'innocent accusé à tort.

Interview de Madame Fabienne Terryn, maître de conférences à l'université de Franche-Comté

1) Pouvez-vous nous parler de l'évolution de la majorité sexuelle en France ?

La loi pénale française interdit depuis 1832 à un majeur d'avoir une relation sexuelle avec un mineur en dessous d'un certain âge plancher qui a évolué au fil du temps. Pour autant, il est inexact de parler de « majorité sexuelle ». Cette notion renvoie, en effet, à l'idée d'un seuil d'âge à compter duquel le mineur aurait le droit d'avoir librement des relations sexuelles. Or, c'est bien aux majeurs que la loi pénale s'adresse en leur interdisant d'avoir des relations sexuelles avec de jeunes mineurs.

C'est une loi du 28 avril 1832 qui a introduit, dans notre droit, l'infraction d'attentat à la pudeur sans violence, en interdisant à un majeur d'avoir une relation sexuelle avec un enfant âgé de **moins de onze ans**, même lorsque l'enfant aurait prétendument consenti. La loi du 13 mai 1863 releva cet âge à **treize ans** et envisagea l'hypothèse où la relation sexuelle aurait impliqué un ascendant de l'enfant. Dans ce cas, l'interdit courait jusqu'aux dix-huit ans du mineur. Par la suite, cet âge plancher a encore reculé pour aboutir à celui que nous connaissons aujourd'hui. Désormais, il est fait interdiction à un majeur d'avoir une relation sexuelle avec un mineur âgé de **moins de quinze ans**, les faits pouvant constituer, selon le cas, le délit d'atteinte sexuelle ou, depuis la loi du 21 avril 2021, un viol ou une agression sexuelle. Ce seuil d'âge est repoussé à **dix-huit ans** en cas d'inceste[3] ou lorsque les faits sont commis par une personne qui a une autorité de droit ou de fait sur le mineur ou qui abuse de ses fonctions[4].

2) Existe-t-il des écarts d'âge minimums prévus par la loi en matière sexuelle ?

L'introduction, en matière sexuelle, d'une condition liée à l'écart d'âge entre la victime et l'auteur remonte à la loi du 8 février 2010. Il s'agissait d'améliorer la protection des mineurs de quinze ans victimes d'un viol ou d'une agression sexuelle, en facilitant la preuve de leur absence de consentement. Avant la loi du 21 avril 2021, en effet, lorsqu'un majeur avait une relation sexuelle avec un mineur de moins de quinze ans, il fallait démontrer que le majeur avait usé de violences, menaces, contrainte ou surprise à l'égard de l'enfant pour retenir la qualification de viol ou d'agression sexuelle. À défaut, l'acte n'était puni que comme une atteinte sexuelle, l'absence de consentement n'étant pas établie. Pour tenter de remédier à cette difficulté, la loi de 2010 a modifié la définition de la contrainte en indiquant que « la contrainte morale peut résulter de la différence d'âge existant entre une victime mineure et l'auteur des faits et de l'autorité de droit ou de fait que celui-ci a sur cette victime. »

3. Les faits sont alors, selon le cas, qualifiés de viol ou d'agression sexuelle.
4. Les faits sont qualifiés d'atteinte sexuelle.

La loi du 21 avril 2021 est allée beaucoup loin en créant deux nouvelles infractions de viol et d'agression sexuelle sur mineur. Désormais, l'infraction pourra être retenue dès l'instant où la victime est âgée de moins de quinze ans et que l'auteur majeur a au moins cinq ans de plus qu'elle. Cette condition d'écart d'âge, appelée clause Roméo et Juliette, a été prévue pour répondre à la situation où une relation amoureuse existerait entre deux mineurs d'âge différents. Le but est d'éviter que leurs relations intimes ne puissent être qualifiées de viols ou d'agressions sexuelles lorsque le plus âgé deviendra majeur. Reste que si le mineur a moins de quinze ans, même si l'écart d'âge est inférieur à cinq ans, le majeur pourra être poursuivi pour atteinte sexuelle, l'article 227-25 du Code pénal se contentant d'exiger que l'auteur soit majeur.

3) Y a-t-il eu une évolution sur la prise en charge de la victime par les autorités de police en matière d'affaire sexuelle ?

Si on observe une véritable réflexion sur la prise en charge des violences conjugales et intrafamiliales au stade de l'enquête, il n'existe en revanche pas de règles spécifiques permettant d'assurer aux victimes d'infractions sexuelles une prise en charge dédiée, sauf lorsque la victime est mineure. Dans ce cas, en effet, la loi prévoit depuis 1998 des règles spécifiques pour certaines infractions graves ou de nature sexuelle[5]. Ainsi, l'audition du mineur doit-elle faire l'objet d'un enregistrement audiovisuel afin d'éviter une pénible répétition des faits. En pratique, ces auditions se déroulent le plus souvent dans une salle « Mélanie », agencée de manière accueillante pour les enfants et sont réalisées par des personnels spécifiquement formés qui veilleront à la manière de s'adresser à l'enfant. Le mineur peut aussi, à tous

5. Voir la liste de l'article 706-47 du Code de procédure pénale (CPP).

les stades de la procédure, être accompagné par son représentant légal et par la personne majeure de son choix ou par un représentant d'une association conventionnée d'aide aux victimes[6]. Le procureur de la République peut encore décider que l'audition ou la confrontation se fera en présence d'un psychologue ou d'un médecin spécialiste de l'enfance[7]. Si les parents sont défaillants pour assurer la protection des intérêts de leur enfant, voire sont auteurs des faits commis contre l'enfant, un administrateur ad hoc sera nommé[8]. Enfin, le mineur victime pourra faire l'objet d'une expertise médico-psychologique dès le stade de l'enquête afin d'apprécier la nature et l'importance du préjudice subi et d'établir si celui-ci rend nécessaire des traitements ou soins appropriés[9].

4) Existe-t-il des prescriptions en matière d'infraction à caractère sexuel ?

Les infractions sexuelles obéissent aux mêmes règles de prescription que les autres infractions sauf lorsqu'elles ont été commises sur un mineur. Les crimes sexuels et les délits sexuels se prescrivent ainsi respectivement par vingt ans et six ans à compter de leur commission, étant précisé que tout acte d'enquête ou d'instruction interrompt ces délais et en fait repartir un nouveau.

En revanche, lorsque l'infraction sexuelle est commise sur un mineur, ces règles de droit commun ne s'appliquent pas. Depuis 1989, en effet, des règles spécifiques visant à combattre la prescription ont été adoptées en la matière. Le législateur a considéré que, pour ces victimes, la révélation

---

6. Article 706-53 du CPP.
7. Article 706-53 du CPP. D'autres personnes que le psychologue ou le médecin peuvent également être concernées.
8. Article 706-50 du CPP.
9. Article 706-48 du CPP.

des faits pouvait être empêchée par leur jeune âge, l'enfant ayant besoin de temps pour les dénoncer, en particulier lorsqu'ils se sont déroulés dans le cadre familial. Les réformes se sont ainsi succédé et la dernière loi en date est celle du 21 avril 2021.

La durée du délai de prescription des infractions sexuelles sur mineur est d'abord allongée. Ainsi, le viol sur mineur se prescrit par trente ans, certains délits sexuels sur mineurs par dix ans et les délits d'agressions sexuelles aggravées par vingt ans. Le législateur a ensuite fait le choix de déplacer le moment à compter duquel ces délais allongés commencent à courir. Au lieu d'être fixé au jour de la commission des faits, le point de départ de la prescription en matière d'infractions sexuelles est reporté à la majorité de la victime. Ainsi, les délits sexuels seront prescrits lorsque la victime aura vingt-huit ans voire trente-huit ans, tandis que le viol sur mineur sera prescrit lorsque la victime aura quarante-huit ans.

Enfin, en matière de viol et d'agression sexuelle sur mineur, la loi du 21 avril 2021 a créé une nouvelle règle connue sous le nom de « prescription en cascade » en cas de commission, par le même auteur, d'un nouveau viol ou d'une nouvelle agression sexuelle sur un autre mineur. Dans ce cas, le délai de prescription de la première infraction sexuelle est prolongé jusqu'à la date de prescription de la nouvelle infraction sexuelle, ce qui est susceptible de reporter de manière très significative la date à laquelle les faits seront prescrits.

5) Que pensez-vous de l'imprescriptibilité des affaires de viol ?

La question de l'imprescriptibilité en matière de viol s'inscrit dans une remise en cause plus générale du mécanisme de la prescription de l'action publique. Il n'y a pas, à mon sens, de raison de traiter la question de la prescription du viol de manière spécifique. D'abord parce qu'il n'y a pas qu'en matière sexuelle que la prescription fait débat, comme en témoigne l'arrêt rendu par la chambre criminelle de la Cour de cassation dans l'affaire Bonfanti au mois de novembre dernier (Crim., 28 novembre 2023, n° 23-80.599). Ensuite parce que la durée de la prescription de l'action publique est fondée sur la gravité des infractions et que d'autres crimes, comme le meurtre ou l'assassinat, sont plus graves que le viol, même aggravé[10]. Enfin parce qu'admettre l'imprescriptibilité en matière de viol conduirait à relativiser la gravité et le caractère exceptionnel des crimes contre l'humanité, seules infractions imprescriptibles en droit français.

C'est donc une réflexion globale relative à la prescription qu'il conviendrait de mener car le système actuel est devenu extrêmement complexe, très peu lisible et, sous certains aspects, contestable. On observe, en particulier, que certains des fondements qui justifient la prescription sont désormais remis en cause. Au demeurant, ils n'ont rien d'absolu et n'empêchent nullement le prononcé de condamnations tardives, trente ans ou quarante ans après les faits. En interrompant régulièrement la prescription, les autorités judiciaires peuvent en effet rendre l'infraction quasi imprescriptible. Ainsi Émile Louis a-t-il été condamné pour des meurtres dont certains remontaient à près de trente ans, tandis que l'affaire du petit Grégory, vieille de quarante ans, ne sera pas prescrite avant… 2054, si tant est qu'elle le soit un jour !

Sans remettre en cause fondamentalement le mécanisme de la prescription, il me semble souhaitable de garantir plus efficacement l'accès des victimes au juge pénal en allongeant les

10. Sauf lorsque le viol a entraîné la mort de la victime ou était accompagné, précédé ou suivi d'actes de torture et de barbarie.

délais de prescription, ce qui permettrait peut-être de lutter contre le procédé problématique consistant à dénoncer prioritairement les faits dans les médias ou sur les réseaux sociaux. Il serait également intéressant de mieux garantir la sécurité juridique des personnes poursuivies en fixant des délais butoirs, au-delà desquels les condamnations ne devraient plus pouvoir intervenir.

6) Quel est votre sentiment sur l'influence de #MeToo dans le droit ?

Il est classique d'affirmer que le mouvement #MeToo a favorisé la libération de la parole des femmes victimes d'agressions sexuelles. Pourtant, les statistiques montrent qu'en 2022, 7% seulement des victimes d'agressions sexuelles se sont déplacées auprès des services de police judiciaire et que seules 5% des victimes ont finalement déposé plainte[11]. Le Haut Conseil à l'égalité entre les femmes et les hommes avance quant à lui, cinq ans après #Metoo, les chiffres suivants : « Une hausse des violences sexuelles de 33% ; des plaintes déposées par moins de 10% des victimes ; 80% de plaintes classées sans suite dont seulement 1% aboutissent à une condamnation pénale[12]. »

Au regard de ces éléments, le bilan du mouvement #MeToo sur la libération de la parole des femmes dans la sphère judiciaire paraît pour le moins mitigé ! Il est pourtant indispensable d'améliorer le recueil des plaintes des victimes de violences sexuelles et leur traitement judiciaire. À défaut, on ne saurait s'étonner que les réseaux sociaux et les médias ne deviennent

11. Rapport d'enquête édition 2022, *Vécu et ressenti en matière de sécurité, Victimation, délinquance et sentiment d'insécurité*, p. 32. Consultable sur le site du ministère de l'Intérieur (www.interieur.gouv.fr).
12. Communiqué de presse du 5 octobre 2022, « Cinq ans après #MeToo, passons à l'acte II : les violences ne peuvent pas rester impunies », consultable sur le site du Haut Conseil à l'égalité (www.haut-conseil-egalite.gouv.fr).

les lieux privilégiés des dénonciations. La redéfinition du viol, autour de la notion de consentement, constitue également une piste de réflexion intéressante afin de remédier à cette situation. De nombreux pays ont déjà franchi le pas[13] et certains auteurs et praticiens appellent également de leurs vœux une telle évolution en droit français, rappelant d'ailleurs que la France en a déjà pris l'engagement sur le plan du droit international[14]. Cette évolution devra se faire dans le respect des droits fondamentaux tels que la présomption d'innocence, le principe du contradictoire et la caractérisation de l'intention criminelle.

7) Quelle est pour vous la place de la morale dans un débat judiciaire ?

Subjective, arbitraire et individuelle, la morale n'a évidemment pas sa place dans les prétoires. En matière d'infraction sexuelle, la tentation est grande de faire intervenir des considérations morales pour étayer une argumentation à charge contre l'auteur et de raisonner à partir d'un « standard » sexuel dans lequel les partenaires auraient des pratiques sexuelles admissibles, des positions sociales identiques et aucun écart d'âge. Sur le plan juridique cependant, ces considérations sont sans emport[15] et le juge doit s'en tenir aux dispositions de la loi pénale. Inversement, il ne saurait davantage être admis que l'on utilise des arguments moraux tenant au mode de vie de la victime – que l'on jugerait dissolu – ou à sa manière de s'habiller – que l'on jugerait provocante – pour décrédibiliser sa parole ou relativiser le comportement de l'auteur. Le standard de la « bonne victime » d'un viol ou d'une agression sexuelle, qui

13. Notamment le Canada depuis 1992, l'Espagne depuis 2022, ou encore la Suède depuis 2018.

14. Article 36 de la Convention d'Istanbul, adoptée dans le cadre du Conseil de l'Europe et ratifiée en 2014 par la France.

15. Sans faire de faveur.

résiste à son agresseur et qui doit donner des signaux clairs de son absence de consentement, est également une construction morale qui doit être combattue.

Chapitre 3

L'affaire de Stéphane M. : Quand la morale des adultes s'impose

Stéphane est un jeune d'aujourd'hui, né en 1997. En mai 2020, à vingt-deux ans, il est intérimaire et multiplie les petits boulots pour s'en sortir. À l'époque, il a une petite amie depuis deux ans, Anissa, vingt ans, qui est dans la même situation que lui, mais ils arrivent à s'en sortir au quotidien.

Stéphane a dans ses amis une mère de famille qui s'appelle Nathalie et qui a deux filles, l'une de seize ans et l'autre de quatorze. Il va de temps en temps chez elle pour prendre un café avec d'autres amis, rien de plus, sauf qu'un soir il a eu une aventure d'une nuit avec Nathalie, rien de plus.

Amélie, la plus jeune des filles de Nathalie, a une consultation médicale particulière un mardi matin pour bénéficier d'un dispositif contraceptif. Elle s'y rend avec une éducatrice qui lui pose naturellement des questions sur cette situation et, suite à son examen médical, on se rend compte qu'elle est enceinte alors qu'elle avait annoncé n'avoir jamais eu de rapports sexuels. Le médecin, l'éducatrice l'interrogent, que s'est-il passé ? Il va falloir procéder à une IVG alors qu'elle est très jeune. Amélie raconte qu'elle n'y est pour rien. Elle a été attirée par un homme qu'elle ne connaissait pas chez lui et elle a été violée. Elle n'a rien dit à sa mère parce qu'elle avait honte et qu'elle est incapable de dire qui l'a violée, juste le quartier de Besançon où les faits se sont passés, et d'indiquer une date approximative.

Immédiatement, une enquête est ordonnée par le procureur de la République, mais les informations données par Amélie sont insuffisantes pour cibler le violeur potentiel. L'IVG est réalisée et des tests ADN sont effectués au cas où le père serait fiché dans le FNAEG[16], cela pourra permettre de l'identifier. Cela fonctionne, l'identification du père est réalisée, il s'agit d'un certain Stéphane M.

La police le localise facilement et procède sans délai à une seconde audition de la jeune victime avant d'aller interpeller Stéphane. Les enquêteurs lui reposent les mêmes questions, sur le lieu de la rencontre avec l'individu qu'elle ne connaît pas, les conditions dans lesquelles elle a été contrainte de le suivre et le lieu où le viol s'est produit. Amélie répète ce qu'elle a déjà déclaré. Les enquêteurs lui soumettent alors l'identité du père et, comme ce dernier est fiché, on lui montre aussi sa photographie. C'est lui, elle est formelle, elle le reconnaît, c'est Stéphane. Naturellement, les enquêteurs essaient d'en savoir un peu plus sur cette rencontre fortuite et Amélie évolue dans son récit, de façon très significative d'ailleurs. En fait, elle le connaît, elle connaît son prénom et il se trouve que c'est un ami de sa mère qu'elle a déjà vu chez elle. Les enquêteurs l'interrogent, pourquoi n'a-t-elle rien dit avant ? Elle avait peur de parler, peur que sa mère soit au courant. Elle détaille le viol, l'homme l'a fait entrer dans son appartement, puis il a verrouillé la porte derrière elle. Elle a crié plusieurs fois d'arrêter, mais il l'a jetée sur le lit puis l'a violée en la maintenant de force avec l'un de

16. Fichier national automatisé des empreintes génétiques.

ses bras alors qu'elle se débattait en vain. Elle l'aurait supplié, aurait pleuré et crié encore, puis plus rien. Elle se décrit ensuite comme en état de sidération. Incapable de dire ou faire quoi que ce soit, hormis se rhabiller et rentrer chez sa mère sans rien dire, comme elle l'avait promis à son violeur. Après tout cela, elle avait pris une douche et avait jeté ses vêtements comme pour supprimer de sa mémoire cet épisode traumatique, surtout, ajoute-t-elle, qu'elle était vierge au moment des faits. Petit détail qui a son importance, elle avait son numéro de téléphone dans son portable avec un surnom et, en face, trois smileys.

L'audition est satisfaisante pour les enquêteurs, et le substitut du procureur de la République qui suit la procédure valide la poursuite des investigations.

On exploite les données de la ligne téléphonique de la victime et celle de l'auteur présumé et on se rend compte qu'il y a eu plusieurs échanges, échanges dont la victime n'a jamais parlé. Il y a eu trente-neuf communications entre eux pendant les quinze jours qui ont précédé le viol, puis plus rien, sachant que le viol n'est pas daté par la victime qui l'estime approximativement durant la période des vacances de la Toussaint.

Les enquêteurs communiquent les éléments au substitut du procureur et l'on s'oriente donc très vite sur une interpellation, une garde à vue de 48 heures, puis sur une ouverture d'information, c'est-à-dire la saisine d'un juge d'instruction (obligatoire en matière criminelle). Stéphane est interpellé chez lui, s'ensuit une perquisition habituelle quand il y a une interpellation. Puis Stéphane est placé en garde à vue au commissariat de police.

Durant ses deux premières auditions, Stéphane conteste le fait que la victime soit venue chez lui, conteste le fait qu'il y ait pu avoir une relation sexuelle avec elle, il prétend qu'il ne connaît que sa mère et qu'il ne lui parle jamais. Pour l'instant, les enquêteurs ne lui ont pas dit pour son ADN, ils réservent cela pour la troisième audition qui va naturellement déstabiliser complètement Stéphane, c'est d'ailleurs fait pour.

Lors de la troisième audition, dès le début, les enquêteurs le mettent face à la preuve de l'existence du rapport contesté :

– Comment expliquez-vous que si vous n'avez jamais eu de relation sexuelle avec cette jeune fille âgée de quatorze ans au moment des faits, cette dernière soit tombée enceinte de vous, comme le révèle cette analyse ADN ?

Stéphane : – C'est impossible, le test se trompe, elle n'est jamais venue chez moi, je n'ai jamais eu de rapport sexuel avec elle ou alors peut-être que j'avais bu et que j'ai oublié.

L'audition est catastrophique, il construit doucement, mais sûrement, le chemin qui va le conduire en prison. Fin de l'audition et retour en cellule de garde à vue. Stéphane n'a pas besoin d'avocat, il est convaincu qu'il sortira libre de sa garde à vue. Quatrième audition. Stéphane change de discours :

– C'est vrai, on a couché ensemble, mais c'est elle qui me l'avait demandé. Elle est venue chez moi d'elle-même, on a utilisé un préservatif, mais il devait être défectueux. Elle était d'accord. Ensuite, elle est rentrée chez elle et ça s'est arrêté là.

Fin de la garde à vue. Pour les enquêteurs, tout est clair, Stéphane a menti sur sa connaissance de la victime, sur l'existence même d'un rapport sexuel simplement consenti, cela conforte l'idée que la victime a dit la vérité quand elle a affirmé avoir été forcée. Stéphane est emmené au tribunal chez le juge d'instruction de permanence qui le met en examen pour viol sur mineur de moins de quinze ans, puis il est présenté au juge des libertés et de la détention.

Stéphane a demandé mon intervention aux enquêteurs à la fin de sa garde à vue, avant sa présentation devant le juge d'instruction et, très rapidement, après avoir pris connaissance des éléments du dossier de ce dernier, certains m'ont interpellé.

Tout d'abord, le fait que la victime possédait le numéro de téléphone de son agresseur avec des smileys en face de son surnom, et qu'elle n'a donné aucune explication. Le fait qu'elle n'ait indiqué aucun élément d'identification de son agresseur lors de sa première audition, pourquoi ? Le fait qu'ils se soient parlé longuement au téléphone le lendemain sans qu'elle en ait fait aucune référence aux enquêteurs !

Devant le juge des libertés et de la détention, tout cela va être discuté et ce dernier va placer Stéphane sous contrôle judiciaire, ce qui signifie qu'il reste libre, mais surveillé, avec des obligations imposées par la justice. Le procureur fait appel de cette décision et, quinze jours après, la cour d'appel de Besançon infirme le contrôle judiciaire et place Stéphane en détention en raison, selon la cour, d'un risque de réitération des faits par le prévenu et de pressions sur la victime. C'est prévu par la loi dans le fameux article 144 du Code de procédure pénale et, même si je ne suis pas d'accord avec cette décision, je n'ai aucun autre choix que de l'accepter, tout comme Stéphane. C'est ça aussi la loi. Dont acte, il sera écroué à la maison d'arrêt où il restera treize mois.

L'enquête va suivre son cours sur commission rogatoire du juge d'instruction. Le retour de l'enquête de voisinage qui est importante puisque la victime aurait crié dans un immeuble où les appartements sont mal insonorisés. Le résultat est négatif, personne n'a rien entendu. Les investigations sur la géolocalisation des téléphones sont très attendues, Stéphane a dit que la victime était venue chez elle, et la victime dit qu'il est venu l'attendre à la sortie du stade où elle faisait du sport ! Ce n'est pas rien quand même. Et là, surprise ! Stéphane a dit vrai, la géolocalisation des téléphones est univoque, la victime s'est bien rendue de chez elle jusque chez Stéphane et ce dernier n'a pas bougé de chez lui jusqu'à ce qu'elle arrive. Et l'analyse ciselée des fadettes des lignes téléphoniques va s'avérer cruciale et surtout, il s'agit là d'éléments objectifs qui ne dépendent pas de simples affirmations de la partie civile ou du mis en examen, cela compte en terme probatoire.

Résultat de l'étude de la téléphonie :

• Sur la journée du 19 octobre : Nathalie contacte Stéphane une fois durant vingt-sept secondes.

• Sur la journée du 23 octobre : Aurélie contacte Stéphane huit fois dont une communication de vingt-quatre minutes et quarante-sept secondes.

• Sur la journée du 27 octobre : Nathalie appelle douze fois Stéphane, dont une communication qui va durer treize minutes et vingt-deux secondes.

• Sur les journées suivantes allant du 26 octobre au 2 novembre : Aurélie continue de contacter Stéphane, puis plus rien.

Stéphane, quant à lui, n'a contacté en tout et pour tout Aurélie qu'à sept reprises, mais uniquement entre le 1er et le 2 novembre.

Naturellement, tout ceci interpelle. Il s'agit effectivement d'éléments objectifs et incontestables recueillis dans le cadre d'investigations techniques. Manifestement, si Stéphane a menti, Aurélie, quant à elle, n'a pas dit toute la vérité aux enquêteurs, loin de là. (La morale veut qu'on ne dise pas qu'une victime a menti, on dit qu'elle n'a pas dit toute la vérité, c'est plus… acceptable, mais c'est de la sémantique.)

La juge ordonne une expertise psychologique de la victime. Aurélie ne s'y rend pas. Est versé au dossier d'instruction un élément troublant sur la personnalité de la présumée victime. Aurélie, lorsqu'elle avait onze ans, avait communiqué avec un individu via Internet et lui avait adressé des photographies de ses parties intimes ! L'enquête avait été classée sans suite.

Apparaissent aussi des faits de violences dont elle serait l'auteure, violences antérieures aux faits dénoncés, mais aussi postérieures. Bref, une personnalité manifestement plus complexe que celle que les enquêteurs envisageaient au début de la procédure en raison de l'apparence juvénile et douce d'Aurélie. Mais entre l'air et la chanson… Le juge d'instruction va donc devoir procéder de nouveau à son interrogatoire, c'est impératif, et la défense de Stéphane le fait savoir au magistrat, son audition est indispensable à ce stade de la procédure.

Lorsqu'elle est enfin entendue, la victime confirme tout. Elle n'a jamais enregistré le numéro de Stéphane (ça doit être sa sœur) et elle ne l'a jamais appelé, tout au mieux croisé quelquefois chez sa mère, mais sans jamais avoir eu de discussion avec lui. Le jour du viol ? Elle confirme que c'est lui qui est venu l'attendre à la sortie du stade, et tout cela bien que la géolocalisation des téléphones dise le contraire ! Peu importe, c'est sa version et tout ce que le juge peut lui objecter de contraire ne l'émeut absolument pas puisqu'elle dit forcément la vérité. On finira par organiser une confrontation, mais les versions resteront figées. Le procureur de la République, à la fin de l'instruction, renonce à demander le renvoi de Stéphane aux assises. Manifestement, il y a eu trop de mensonges de la part d'Aurélie, et sa personnalité passée au crible d'une audience criminelle, comme celle de Stéphane, laisse naturellement envisager l'acquittement de ce dernier. Le procureur demande donc le renvoi pour atteinte sexuelle sur mineur de quinze ans ! Pourquoi ?

Après treize mois de détention de Stéphane, après avoir déployé autant d'énergie pour renvoyer aux assises un soi-disant violeur qui manifestement n'en est pas un, on ne peut pas se résoudre à dire qu'il n'y a rien eu. La juge d'instruction ordonne donc le renvoi de Stéphane de ce seul chef d'accusation devant le tribunal correctionnel car ne rien faire serait moralement (toujours cette notion) inacceptable pour cette jeune fille qui se dit victime (elle l'est sûrement un peu) et pour ce jeune homme qui se dit innocent (il est sûrement un peu coupable quand même !).

Le procès intervient un an après la fin de l'instruction devant le tribunal correctionnel et non pas à la cour d'assises, le chef d'accusation criminel de viol ayant été purement et simplement abandonné par la juge d'instruction en fin de procédure. Stéphane est présent à son procès, il l'attend depuis longtemps. Il est désormais libre, mais sous contrôle judiciaire, et il a retrouvé un emploi. Mais cette procédure a eu raison de sa petite amie de l'époque et, surtout, ses treize mois de détention l'ont profondément affecté et il veut croire que la justice reconnaîtra son innocence. Ce qu'on lui reproche, c'est d'avoir eu un rapport sexuel consenti avec une mineure dont il savait qu'elle avait moins de quinze ans. Tout le problème juridique est là. Et pourtant, à l'audience qui sera longue, sur une journée complète, le tribunal ne cessera de lui poser des questions sur sa version, sur ses mensonges concernant la réalité du rapport sexuel et sur la réalité de sa relation avec Aurélie. Rien de tout cela ne concerne en droit ce qu'on lui reproche : avoir eu conscience au moment du rapport sexuel qu'Aurélie avait moins de quinze ans !

Le procureur va requérir sa culpabilité, au motif qu'il était l'adulte, qu'il ne pouvait pas ne pas savoir car la photo d'Aurélie au dossier permet de se rendre compte qu'elle a moins de quinze ans et que, connaissant sa mère et ayant des amis communs, il devait forcément savoir qu'elle avait moins de quinze ans. Mais en réalité, quelle est la preuve de sa connaissance de l'âge d'Aurélie ? La réalité objective, c'est qu'il n'y en a pas. En droit, une jeune fille de quinze ans peut avoir, dès la première heure de ses quinze ans, un rapport sexuel avec un majeur si c'est son choix, mais pas à quatorze ans, onze mois et trente jours non révolus, il est vrai qu'il faut bien fixer un âge légal tout simplement. La loi, juste la loi…

J'ai insisté sur le fait que le débat moral de savoir si une jeune fille vierge désirait perdre sa virginité dans ces conditions ne souffrait aucune réponse, ni positive ni négative, chacun et chacune est différent en la matière. Si pour certaines ce moment doit être lié à un certain romantisme, pour d'autres non.

De plus, au contraire des affirmations de la partie civile, c'est elle qui s'est rendue chez Stéphane et non l'inverse, c'est elle qui l'a appelé constamment et si elle était en mode séduction avec lui, elle ne ressemblait alors sans doute pas à la jeune fille qui s'était présentée au commissariat, absolument pas prête pour déposer plainte et qu'on a prise en photographie dans une attitude victimaire. L'apparence ! Et puis, rien ne démontrait que Stéphane savait qu'elle avait moins de quinze ans. Pour lui, elle en avait au minimum seize ! Quand Stéphane a affirmé ça au tribunal, un des assesseurs du tribunal lui a fait remarquer qu'une jeune fille de quatorze ans (presque quinze) n'avait sûrement pas envie de perdre sa virginité avec un jeune homme âgé de vingt et un ans, qui plus est ami de sa mère ? Ah bon ! Qu'est-ce qu'on en sait, en fait ? Rien, c'est juste un a priori moral. Mais pourquoi est-ce si difficile aujourd'hui pour la justice d'admettre qu'une jeune fille a menti sur des faits criminels, comme si tout le système allait s'effondrer parce qu'on lui aurait dit, dès le retour des investigations techniques (téléphonie et géolocalisation) : « Mademoiselle vous mentez, vous mentez ! »

Le tribunal a décidé qu'il n'existait aucune preuve à l'encontre de Stéphane sur sa connaissance de la minorité sexuelle d'Aurélie qui avait quatorze ans et onze mois au moment des faits, et l'a définitivement relaxé des faits qui lui étaient reprochés.

Concernant les treize mois de détention, notre cabinet a mis en place une procédure d'indemnisation pour détention injustifiée. Stéphane a repris sa vie, non sans aborder aujourd'hui la sexualité avec une crainte légitime, comme beaucoup de jeunes hommes de son âge.

Interview de maître Karine Laprevotte, avocate pénaliste à Nancy

1) Quels types d'affaires pénales gérez-vous ?

Je suis amenée à gérer tous types de dossiers et je ne me refuse aucun dossier.

Le pénal m'a amenée à connaître différents faits de violences, de braquages, de trafic de stupéfiants, de proxénétisme, de viols, de meurtres, d'assassinats, de terrorisme et à intervenir devant toutes les juridictions.

De la même manière, j'interviens aussi bien en défense qu'en partie civile, et c'est d'ailleurs à mon sens essentiel d'avoir ce double rôle afin de ne jamais perdre de vue les enjeux de chacune des parties.

C'est dans ces conditions que je peux être au côté d'une partie civile dans une affaire de viol un jour et assister un accusé de tentative de meurtre le lendemain.

2) Est-il difficile d'être une femme pénaliste ?

Faire du pénal est un choix de vie qui implique d'être joignable, y compris dans l'urgence, tous les jours et à toute heure, cela implique également des déplacements et des audiences qui peuvent se terminer à des heures d'ailleurs indignes d'une bonne justice.

Les clients vous confient leur dossier car ils ont confiance en vous, en vos compétences, que vous soyez un homme ou une femme. Aussi, c'est une question que je ne me pose pas car je pense que tous les avocats, pénalistes ou non d'ailleurs, sont confrontés aux mêmes difficultés juridiques et aux mêmes émotions.

Néanmoins, si la question est de comparer la femme pénaliste à l'homme pénaliste, je répondrai, et c'est heureux, que la profession comme les mentalités ont évolué. La profession s'est féminisée et les femmes se sont également imposées, et ce n'est pas parce qu'elles sont sans doute plus discrètes que leurs homologues masculins qu'elles ne sont pas tout aussi efficaces.

S'agissant du rapport avocat-client, il arrivera qu'un justiciable préfère ou pense qu'il est préférable de se faire assister par un homme ou inversement par une femme, mais je ne pense pas que le genre soit l'élément essentiel du choix du client qui a besoin d'un avocat.

3) Que pensez-vous de l'influence de #MeToo dans les affaires sexuelles ?

La justice n'a pas attendu #MeToo pour évoluer sur les infractions sexuelles, mais il s'agit sans aucun doute d'une évolution qui était indispensable.

La libération de la parole des femmes victimes de violences est en effet primordiale et nécessaire et #MeToo a évidemment contribué à cette libération de la parole. Maintenant, cette influence ne doit pas être extrême si l'on veut qu'elle soit pérenne et si toutes les accusations doivent être prises au sérieux, elles doivent également être prises avec prudence.

L'affaire « Outreau » est à ce titre un exemple de ce qu'a été la sacralisation de la parole de l'enfant et de ce qu'aurait pu être la décrédibilisation de cette même parole.

Aussi, la libération de la parole de la femme ne doit pas avoir pour pendant la confiscation de la parole de celui qu'on accuse.

De la même manière, il convient d'être prudent car même si la parole se libère, nous ne devons pas perdre de vue qu'une culpabilité repose sur des preuves et aucune preuve n'est éternelle. Ainsi, le débat sur l'imprescriptibilité émane sans doute d'un bon sentiment ou de la démagogie de nos politiques, mais il n'empêchera pas le sentiment d'injustice en cas d'absence de preuve lié au temps passé.

Enfin et surtout, je pense que cette libération de la parole doit se faire auprès des services de police ou de justice et non à travers les médias ou les réseaux sociaux. Je suis profondément convaincue que pour se rendre sereinement, la justice ne doit pas être court-circuitée par des procès médiatiques.

4) Quelle est l'affaire qui vous a le plus marquée comme avocate pénaliste ?

De nombreux dossiers ont pu me marquer pour différentes raisons, à commencer par la personne que je défends et qui peut m'émouvoir. Il peut évidemment s'agir de l'issue d'un procès qui peut me décevoir ou me ravir, d'un incident d'audience ou d'un « frisson d'assises », ce moment où le procès bascule.

Mais les questions posées me laissent penser à un dossier qui pointe justement une justice que j'ai trouvée à cette époque sexiste.

En 2017, un client est venu me confier un dossier. Il était séparé de la mère de son enfant qui était alors âgé d'à peine deux ans et son ex-compagne n'acceptait pas la rupture. Il subissait depuis plus d'une année des faits de harcèlement et d'appels téléphoniques malveillants (plus de 3000 messages en deux mois) sans que cela ne soit pris réellement au sérieux. Deux événements ont néanmoins précipité les poursuites pénales lorsqu'elle a tenté de l'écraser avec sa voiture et, surtout, lorsqu'elle lui a adressé une photo d'elle avec leur fils de deux ans sous la gorge duquel elle avait positionné un couteau.

Placée en garde à vue, elle a reconnu les faits de harcèlement et d'appels malveillants, les faits de violences avec arme sur son ex-conjoint, mais également les faits de violences sur son fils. Elle est ressortie de sa garde à vue avec une convocation devant le tribunal correctionnel un mois plus tard et, si un juge des enfants a été saisi, la garde de son fils ne lui a pas été retirée immédiatement.

À la lecture du dossier, je me suis immédiatement interrogée sur le traitement de ce dernier.

Une tentative de meurtre aurait-elle été envisagée si un homme avait été suspecté de ces mêmes faits, à savoir le harcèlement, les messages malveillants et les violences avec arme, à savoir foncer sur quelqu'un avec son véhicule ? Et sans aller jusqu'à une qualification criminelle, je suis certaine que si un homme avait été suspecté d'avoir commis ces faits, il aurait fait l'objet d'une comparution immédiate devant le tribunal correctionnel à l'issue de sa garde à vue et risquait une incarcération immédiate pour protéger la mère et l'enfant.

Cette femme a été condamnée à une peine de six mois d'emprisonnement entièrement assortie d'un sursis avec mise à l'épreuve comportant une obligation de soins.

Je ne suis pas non plus certaine que cette peine aurait été la même pour un homme. Mais je pense aussi, et à tout le moins je l'espère, que ce dossier serait traité différemment aujourd'hui, c'est-à-dire de la même manière qu'il s'agisse d'un homme ou d'une femme.

La justice est humaine et rendue avec le peu de moyens dont elle dispose, mais elle peut et doit encore s'améliorer.

5) Pensez-vous que la morale est de plus en plus présente dans les tribunaux ?

La morale a toujours été présente et continue de l'être et, même si là n'est pas sa place, elle est presque « naturelle » lorsqu'un homme juge un autre homme.

Il reste néanmoins nécessaire de rappeler que seule la loi a vocation à s'appliquer dans l'enceinte judiciaire, notamment parce que la morale des uns n'est pas la morale des autres alors que la loi est en principe la même pour tous.

Mais au-delà de la morale, ce qui me dérange le plus, c'est l'émotion qui dévore l'espace social, et notamment celui de la justice.

Il est naturel qu'un fait-divers suscite une émotion, mais cette émotion ne doit pas guider la justice ni les auxiliaires de justice. La médiatisation de nombreuses affaires a tendance à nourrir cette émotion et à submerger la raison de sorte que telle personne ou tel acte n'est plus défendable.

Or, il est indispensable dans un état de droit que la justice fasse son œuvre dans la plus grande sérénité.

Chapitre 4

#MeToo : La morale continue le massacre. Au suivant !

Depuis que j'ai écrit le chapitre « MeToo ou Mytho » dans mon troisième livre[17], je continue à dresser le constat judiciaire et social des dégâts de ce que l'on peut appeler désormais une doxa morale permanente et dominante de la société.

J'avais fait une liste de noms qui mérite aujourd'hui d'être développée. Tout d'abord, il y a ceux qui sont voués manifestement à l'oubli : Nicolas Hulot, Tariq Ramadan, Damien Abad ; ceux qu'on peut à loisir traîner dans la boue et dire et écrire tout ce qu'on veut, et surtout du mal, comme Gérard Depardieu, et gare à ceux qui (comme moi) le soutiennent pour une raison simple appelée la présomption d'innocence. Pas très moral comme principe – mais en réalité un principe, un vrai celui-là – fondamental inclus dans notre bloc de constitutionnalité, mais un principe supra-législatif piétiné à longueur de journée dès qu'on agite le spectre moraliste de #MeToo. J'ai même entendu une femme politique de premier rang (dont je tairai le nom pour cause de crétinisme porté au niveau

17. *Itinéraire d'un avocat hors norme*, Hugo Doc, 2023.

olympique) dire sur un plateau de télévision que ce n'était qu'un concept relatif qui ne s'applique qu'en droit pénal. Peut-être pensait-elle que la valeur du droit pénal n'était pas différente de celle d'un règlement intérieur de copropriété. En tous les cas, si même les politiciens ne connaissent pas la loi qu'ils votent… alors le pire est à craindre.

Et puis, il y a les nouveaux nominés aux Oscars du mouvement #MeToo, à commencer par une nomination en grande pompe du réalisateur Jacques Doillon, exécuté publiquement par Judith Godrèche. Il faut dire qu'aujourd'hui, pour un homme connu, être accusé de faits d'agression sexuelle ou de viol est une véritable condamnation à mort (sociale).

Formidable, plus besoin de faire un procès et encore moins une enquête, puisque ce qu'elle dit est vrai puisqu'elle le dit directement à la tribune. Le Tout-Paris s'agenouille en direct. La condamnation est immédiate, la défense inaudible, voire inutile, et la carrière de Jacques Doillon s'arrête là où celle de Madame Godrèche peut enfin reprendre de plus belle. À titre personnel, je ne vois rien qui ressemble à de la justice ni dans le procédé ni dans les effets, mais plutôt à une sorte de justice morale qui s'affranchit de toutes les règles de droit pour parvenir, in fine, à la mise à mort publique d'un homme connu dont, en fait, en termes de culpabilité, personne en dehors de ce que dit l'accusatrice ne sait rien ! L'accusation vous rend coupable. Dans un procès régi par le Code pénal, il faut que l'accusation démontre la culpabilité, l'affirmer n'a jamais constitué une preuve, sauf quand c'est le tribunal moral qui juge.

Comme l'animateur Sébastien Cauet, passé d'icône médiatique à paria en quelques heures malgré ses dénégations inutiles ; et tant d'autres encore à venir. Enfin, et c'est à souligner, le cas particulier de Stéphane Plazza qui s'inscrit, lui, dans la logique de la présomption d'innocence. S'il est innocent, dont acte, et s'il est déclaré un jour coupable, il en subira les conséquences. C'est, au-delà de légal, une évidence. En attendant, il bénéficie pleinement de cette présomption d'innocence qui lui permet de vivre (presque normalement). Quoi qu'il en soit, en la matière, c'est malheureusement une exception nationale qui devrait pourtant être la règle. Il suffirait pour cela que la presse cesse de relayer à grands cris les accusations proférées contre des hommes connus – bien au-delà de l'information – dans des sortes de pseudo-procès avant le procès pénal, si procès il y a. Il me semble aussi que la presse est bien trop sensible à ce qui se passe sur les réseaux sociaux qui s'enflamment à la vitesse de la lumière sur ce genre d'affaires. Mais les réseaux sociaux sont-ils réellement représentatifs de l'opinion des Français ? Je n'en suis pas certain. Je dirais même que, dans mon cercle amical élargi, les personnes les plus intelligentes et les plus influentes sont celles qui s'expriment le moins sur les réseaux, voire pas du tout pour la plupart d'ailleurs, et cela toutes générations confondues.

En ce qui concerne le massacre des hommes célèbres et accusés de faits à caractère sexuel, le cas le plus symptomatique est celui de Gérard Depardieu. Outre le fait indéniable qu'il est l'un des derniers grands acteurs vivants, il est aussi celui qui suscite certainement le déferlement de haine le plus virulent. Tout d'abord de la quasi-totalité de sa profession malgré de timides soutiens qui l'ont très vite lâché au fur et à mesure que la pression médiatique et morale montait contre l'acteur. « Ignoble », « vulgaire », « abject », « obscène », j'en passe et des meilleures, il ne manque plus que « le diable » comme qualificatif dans la bouche de ses anciens et anciennes « collègues » pourtant heureux à une époque de tourner à ses côtés et qui sont tous d'ailleurs, eux, des gens moralement irréprochables.

Un *Complément d'enquête* au montage particulièrement controversé, un livre pour achever l'homme et l'artiste sous les bravos de ceux qui combattent le mâle et le mal, mais qui, il y a peu encore, se prosternaient religieusement devant lui. Michel Sardou chantait en 1979 « Méfions-nous des fourmis », c'est un peu ça aussi le cas Depardieu.

Mais au fait, cela ne dérange pas tous ces moralistes immaculés du milieu du cinéma que Monsieur Gérard Depardieu n'ait jamais été condamné et que, surtout, personne, je dis bien personne, n'ait rien dénoncé durant des décennies. Certains diront qu'avant #MeToo, c'était impossible. C'est une ânerie sans nom, comme si la justice avait attendu #MeToo pour entendre les femmes et condamner les violeurs. En tous les cas, c'est une idée acquise dans l'opinion, véhiculée sur tous les plateaux de télévision, comme une vérité absolue et malheur à ceux qui la remettent en cause, ils deviennent à leur tour bannis du système. Il faudrait ressortir les statistiques de condamnations des années 2000 jusqu'en 2017 et l'on pourrait se rendre compte que la justice faisait déjà son travail bien avant #MeToo, mais elle faisait son travail dans la sérénité, pas dans l'hystérie publique et la pression médiatique. Peut-être aussi que celles qui accusent mentent, tout simplement (c'est une éventualité tout à fait possible), mais ça, c'est inabordable sur les plateaux de télévision, le témoignage de la plaignante est devenu sacré au sens religieux, moral du terme.

Enfin, la présomption d'innocence rappelée justement par le président Emmanuel Macron affirmait la parole de la loi et du droit. Ses propos ont été accueillis par de vives critiques et des cris d'orfraie, comme si la loi n'avait aucune place dans un monde moraliste. C'est la seule chose qu'a affirmée le Président.

À l'heure où j'écris ces lignes, loin de la métropole, sous le soleil de Saint-François à la Guadeloupe, je veux m'attarder quelques instants sur cette décision attendue de la cour d'appel de New York qui annule la condamnation d'Harvey Weinstein à vingt-trois ans de prison. Je dis attendue parce qu'une bonne partie de la presse a parlé de décision surprise, ou inattendue ! Pas du tout, pour beaucoup de juristes qui ont suivi en partie le procès Weinstein, on a pu constater qu'il s'agissait d'un lynchage judiciaire en offrande au mouvement #MeToo et, en aucun cas, d'un procès impartial. Un nouveau procès devrait avoir lieu, espérons qu'il se tienne loin des excès du féminisme contemporain. Une petite réflexion quand même (même si je sais que c'est interdit). L'île paradisiaque de Saint-James, achetée plus de huit millions de dollars par Monsieur Weinstein et sur laquelle auraient été commis des actes criminels et délictueux, appelée « l'île de l'orgie » ! J'ai regardé et écouté de nombreux témoignages de « victimes » de Weinstein et ce qui m'a frappé, ce sont leurs points communs : jeunes, très belles et c'est tout. Pas de grandes écrivaines, pas de grandes journalistes, pas de philosophes, pas de grandes scientifiques ou de brillantes politiciennes ou avocates ou sportives reconnues. Non, que de jeunes et très belles femmes. Je ne sais pas, mais quand même, quand on a entre vingt et vingt-cinq ans et que l'on est jeune et jolie, on ne se pose aucune question sur la raison pour laquelle on est invitée sur l'île d'un milliardaire surnommée « l'île de l'orgie » avec d'autres très belles jeunes femmes au physique de mannequin ? Je dois avoir l'esprit un peu mal placé, mais quand même, sur cette île où le champagne coule à flots, l'hébergement est luxueux, le caviar et tout ce que l'argent peut offrir sont à libre disposition, on ne se pose vraiment aucune question ?

Aucune de ces jeunes filles ne s'est dit qu'elle n'était invitée que pour son physique et non pas pour ses talents reconnus de brillante avocate, sportive, écrivaine ou autre… Il faudrait peut-être alors aussi faire le procès de la naïveté ou de la fausse naïveté dans cette société qui se veut si morale…

Une dernière chose : en suivant l'argument véhiculé par ce procès délirant et inéquitable, j'ai compris qu'une jeune femme face à un homme riche et puissant, placée dans un cadre luxueux dont elle profite sans aucune contrepartie financière de sa part, est immédiatement sous l'emprise de cet homme (à son insu naturellement) et, dès lors, elle n'est plus en mesure de refuser (ou de consentir) un acte sexuel. Elle est donc victime de l'horrible pervers richissime. Il est vrai que le cadre moyen à la rémunération moyenne a plus de difficultés à mettre sous emprise de très belles mannequins et starlettes de cinéma dans ces conditions.

Mais dites, sortons un peu de la morale actuelle quelques instants et osons imaginer un scénario un peu (pas beaucoup) différent pour pousser l'analyse du cas Weinstein. Raisonnons à l'inverse, et je l'ai connu dans une affaire de deux femmes millionnaires de la région de Besançon qui organisaient, à plus de soixante-dix ans, des orgies dans leur château situé à Guyans-Durnes (Franche-Comté) avec de beaux jeunes hommes sans que cela n'émeuve personne. Que penserait-on de jeunes hommes très beaux (et rien d'autre) qui auraient été invités par une femme très riche, âgée, moche et puissante, sur son île paradisiaque ? Et qui, ayant bénéficié de tout le luxe qu'elle pouvait leur offrir, auraient eu des rapports sexuels avec elle ou ses amies (aussi vieilles, moches et riches qu'elle) et ses jeunes invités ? Je ne crois pas qu'on parlerait d'emprise, mais simplement d'opportunisme ou de gigolos. D'ailleurs, si ces jeunes hommes déposaient plainte, on n'aurait sans aucun doute pas peur de leur dire : « Vous êtes sérieux, là ? » Voyez comme ce mouvement #MeToo est en réalité une déresponsabilisation totale de certains comportements et, surtout, un mouvement profondément inégalitaire entre les droits des hommes et des femmes.

En 1963, Jacques Brel chantait « Au suivant ». Cette chanson va parfaitement dans la logique de #MeToo. Au suivant, à qui le tour maintenant dans cette chasse aux sorciers ? L'abbé Pierre, dernier en liste. Homme d'Église, homme de bien avant tout, décédé en 2007 et accusé désormais par une vingtaine de femmes de violences sexuelles. La presse titre régulièrement, concernant les déclarations des plaignantes : « Témoignages accablants contre l'abbé Pierre » ! C'est nouveau, on juge les morts maintenant. Remarquez, c'est pratique, ils ne peuvent pas se défendre et le procès (médiatique) ne repose que sur la parole sacrée des femmes qui accusent, la condamnation ne devrait pas être difficile à prononcer.

#MeToo impose de croire ces femmes. Eh bien non ! Non seulement je ne les crois pas mais je ne comprends même pas qu'on impose de les croire. Croire, c'est l'antithèse de savoir. Eh non, on ne peut pas croire une parole quand bien même cette dernière est celle d'une femme accusatrice ou de huit femmes accusatrices qui auraient été sous « l'emprise psychologique » du grand homme. C'est quand même formidable, l'emprise, pour une femme. Pour un homme, cela ne change rien sur son consentement, mais pour une femme, ça annihile son consentement. Moi, je trouve ça désarmant, cette inégalité de traitement entre hommes et femmes. De plus, c'est une ânerie sans nom, aucune loi n'interdit l'emprise, la manipulation ou la séduction, ni même le mensonge dans les relations amoureuses. Seule la morale ambiante les prohibe. Que l'abbé Pierre ait eu une vie sexuelle, tant mieux, on sait bien que la chasteté imposée à ceux qui en ont fait le vœu n'a rien de christique. (Le célibat des prêtres date de 1074, il est spécifié dans un décret du pape Grégoire VII, ce qui n'empêchera pas Clément IV au XIIIe siècle et Félix V au XVe siècle d'avoir des enfants.) L'abbé Pierre est désormais voué aux gémonies.

Ce n'est pas son cadavre supplicié qu'on expose sur les escaliers des suppliciés, c'est son honneur et sa mémoire qu'on salit au nom d'un principe fou : « CROIRE LA PAROLE DE CELLES QUI ACCUSENT, CROIRE. » L'abbé Pierre croyait en Dieu, sans preuve, sans autre fondement que la foi. La justice, elle, doit savoir, c'est toute la différence entre la loi et la morale, mais aujourd'hui c'est la morale qui a, malheureusement, gagné et tant qu'on continuera à croire, la barbarie judiciaire et médiatique continuera ses destructions de vie injustes.

Pour conclure ce chapitre, je choisis sans hésiter la loi et non la morale. Et jusqu'à ce qu'une décision de justice soit rendue, je continuerai à regarder les films avec Gérard Depardieu, non pas l'« abject », « l'ignoble », « le timbré » ou « l'obscène », mais l'homme présumé innocent.

Interview de maître Séverine Lheureux, avocate pénaliste à Montauban

1) Est-il difficile, en tant que femme, de défendre des hommes accusés d'avoir tué leur compagne ?

Évidemment, la réponse dépendra d'abord de la reconnaissance ou non des faits. Si l'accusé les nie, être un défenseur femme ne change pas foncièrement la difficulté de la tâche.

La question est plus pertinente, soit que l'accusé reconnaisse les faits, soit que les éléments du dossier lui soient franchement défavorables et que l'on ne puisse voir en lui qu'un coupable. À ce moment-là, la difficulté, si tant est que c'en soit une, viendra surtout sans doute du regard posé par les jurés et de l'a priori qu'ils peuvent avoir en voyant qu'une femme va défendre le meurtrier de l'une de ses paires ; en sus de la défense de fond, il faudra instiller le rappel de Badinter : « Défendre, ce n'est pas cautionner… »

Ce d'autant que les familles de victimes choisissent très souvent pour les représenter une femme avocat, lui prêtant sans doute une sensibilité particulière par identification : cela apparaîtra évident aux yeux des jurés, contrastant avec celle qui, en face, va défendre le meurtrier et symboliquement pouvoir apparaître comme traître.

Il y aura donc un combat supplémentaire à mener pour faire oublier ce reproche sous-jacent.

En réalité, l'effet inverse peut aussi s'observer : un bloc de défense masculin peut donner l'impression d'une démultiplication de l'agresseur – or les impressions d'audience, parce que c'est bien sur elles que les jurés fonderont leur intime conviction, sont essentielles.

Dès lors, il y aura une intéressante carte à jouer en étant une femme, dont le discours, le positionnement pourront contribuer à adoucir l'image rendue face aux jurés.

Cette particularité étant posée, sur le fond, il ne paraît pas fondamentalement plus difficile en tant que femme de défendre un homme accusé de féminicide. S'il est toujours difficile de défendre quelque criminel que ce soit tant la responsabilité qui pèse sur nos épaules est lourde, il est malgré tout, et au contraire, non pas plus facile pour une femme de défendre un auteur de crime conjugal mais sans aucun doute beaucoup plus intéressant que s'il s'agissait d'une autre femme dans le box.

2) Est-il plus facile d'assurer la défense d'un homme ou d'une femme devant une cour d'assises ?

Ce n'est pas tant le genre de l'auteur qui rend sa défense plus ou moins aisée que sa personnalité. Un homme peut facilement renvoyer une image inquiétante, sombre, violente, mais une femme meurtrière peut tout aussi facilement, et dans l'inconscient collectif, représenter la perversité, la duplicité, la tentatrice originelle.

La défense aux assises relevant d'abord de l'impression provoquée dans l'esprit des jurés comme prévu par l'article 353 du Code de procédure pénale, il faut donc s'attacher, au-delà des éléments objectifs du dossier, à combattre ces préjugés.

Peut-être une femme, sinon parce que c'est là sa nature et auquel cas la chose sera plus aisée, pourra-t-elle grâce à sa préparation en vue du procès, plus facilement attirer l'empathie de ses juges. Peut-être parce qu'elle est une femme, sera-t-il plus facile de les convaincre sinon d'une situation de légitime défense à l'instar d'une Alexandra Lange (alors que l'homme est perçu comme plus fort, plus brutal) au moins d'un épuisement émotionnel et physique pouvant d'une certaine manière avoir justifié son passage à l'acte. Pour peu que des enfants aient été eux-mêmes victimes de violences de la part de ce père (ou de plus en plus souvent de ce beau-père), leur protection presque animale de la part de la mère rend plus confortable encore la posture de la défense.

Certaines femmes, néanmoins, n'offrent pas ces opportunités, souvent à raison d'enfances détruites ayant pu forger une désensibilisation et une violence latentes pouvant conduire à des attitudes de provocation à l'audience, ou à l'inverse de détachement.

In fine, il faut se méfier d'un excès de confiance par principe dans la défense d'une femme, tout en admettant que ce seul état puisse être plus spontanément gage d'empathie.

3) Y a-t-il une influence plus grande de la morale aujourd'hui dans les cours d'assises ?

Droit et morale ne peuvent se confondre afin de ne pas être jugé en équité et éviter autant que faire se peut des décisions purement subjectives.

Mais ce qui s'applique face à des magistrats professionnels uniquement ne peut s'imposer devant une cour d'assises.

Les jurés fondent leurs décisions en leur âme et conscience, sur la base d'impressions ressenties au cours des débats et que l'avocat de la défense scrute en permanence.

C'est ce qui pourrait déstabiliser les techniciens du droit que nous sommes : tout en restant des juristes, soucieux de voir restaurer la juste qualification des faits, nous devons admettre que la cour d'assises est certes une enceinte judiciaire mais avant tout une sorte de scène où défilent des acteurs dont on recherche lequel sera le plus convaincant.

Les jurés, dans leur mission, ne font pas du droit : ils ressentent, éprouvent, et n'ayant ni connaissances juridiques ni recul par absence d'expérience sur des faits parfois terribles qu'ils doivent juger, ce sont bien leurs propres valeurs qui vont les guider. En cela, et de manière tout à fait dérogatoire, la morale peut exercer une influence majeure devant une cour d'assises.

Il faut bien admettre toutefois qu'en tant que défenseurs, nous n'échappons pas nous-mêmes, plus ou moins consciemment, à cette influence. En tant qu'avocats de la défense, nous choisissons de récuser ou non un juré parce que nous projetons sur la personne qui s'avance nos préjugés sur ses valeurs morales, et donc les choix qui pourraient être les siens à l'issue du procès.

Ce qui démontre, avant même qu'il ait débuté, que nous admettons que la morale y jouera un rôle essentiel.

4) Quels conseils pourriez-vous donner à un futur avocat pénaliste ?

On ne choisit pas le droit pénal par hasard. C'est un domaine souvent méprisé par les civilistes, qui imaginent parfois que l'on se contente de plaider des lieux communs sans que le droit ait grand-chose à voir là-dedans.

Pourtant, un futur pénaliste doit sans cesse garder à l'esprit qu'au contraire sa tâche peut être plus complexe encore que la leur. D'abord parce que lui aussi doit, quel que soit le dossier qui lui est soumis – qu'il soit contraventionnel, délictuel ou criminel, lorsqu'il est en défense – absolument rechercher dans les moindres détails du dossier s'il existe une faille procédurale.

Les motifs de nullité existent très souvent ; encore faut-il les traquer… et les conclure.

C'est là la plus-value première de l'avocat dans un domaine où son intervention est souvent facultative légalement… même devant une cour d'assises, même quand une réclusion criminelle à perpétuité est encourue, si en l'espèce l'assistance est obligatoire, l'article 275 du Code de procédure pénale permet, sur autorisation du président, que l'accusé soit assisté par ses parents ou un ami !

Ensuite, et là encore à l'instar des autres demandes du droit, le futur pénaliste devra rechercher dans la loi, mais aussi les jurisprudences y compris européennes lui permettant de prendre également des écritures en vue de solliciter la relaxe de son client.

Puis, là où désormais bien souvent, une fois leur dossier conclu, les civilistes le déposent sans plus plaider parce que la procédure est écrite, le futur pénaliste doit quant à lui assurer à l'audience la partie la plus visible de son travail en le soutenant oralement, recherchant sans cesse l'attention de ses juges, avec derrière lui celui qui bien souvent se révèle son pire ennemi : son propre client.

Là où les civilistes ne laissent que des écrits, nous devons intervenir après que notre client s'est lui-même exprimé, ce qui soit nous permet de n'avoir qu'à relayer son propos à travers d'éventuelles conclusions de relaxe, soit nous accable durant toute l'instruction du dossier sans que nous ne devions jamais en laisser rien paraître, tout en nous adaptant en temps réel pour tout reconstruire lors de notre plaidoirie afin de tenter de rétablir une situation rendue quasi inextricable.

Enfin, il est indispensable pour le futur pénaliste de se préparer à la possibilité d'une médiatisation.

Jalousies, jugements des confrères, attaques via les réseaux sociaux, mésestime publique, sont autant de « revers de la médaille » auxquels il devra faire face.

Chapitre 5

Quand la parole d'une femme s'effondre : L'affaire A

Au début de l'année 2013, je reçois un appel d'un confrère pénaliste et ami, maître Samuel Estève du barreau de Dijon, qui me parle d'une affaire qui doit passer aux assises et qui est complexe. L'accusé est un officier de l'ALAT[18] accusé d'avoir violé sa compagne, mais aussi d'avoir exercé sur elle des violences. Ce qui est compliqué, c'est qu'il reconnaît les violences, mais conteste catégoriquement le viol. Contrairement à l'idée que l'on cherche à véhiculer parfois dans l'opinion, même en 2013, on écoutait déjà les femmes lorsqu'elles accusaient un homme de viol et les condamnations prononcées par les cours d'assises étaient parfois très lourdes, comme aujourd'hui. Samuel me demande de prendre avec lui ce dossier qui doit se plaider devant la cour d'assises de Chaumont. J'accepte, le dossier est intéressant et Samuel un confrère de talent, le procès promet d'être très délicat.

Le cas se présente mal. Pierre est militaire de carrière, au moment des faits il a quarante-deux ans, une carrière irréprochable, et est affecté à Chaumont. Pierre a un enfant d'une

18. Aviation légère de l'Armée de terre.

précédente union et est célibataire. Il présente bien et est plutôt aisé de par sa famille.

Pierre a fait la rencontre de Séverine, sa banquière, et une histoire a commencé entre eux. Une histoire qui repose sur une relation très portée sur le sexe, l'un comme l'autre étant en phase sur ce sujet et sur l'intensité de leurs rapports.

Leur relation va être mise en suspens pendant quatre mois, le temps pour Pierre de gérer une opération extérieure au Liban. Leur relation amoureuse, mais aussi sexuelle, va se poursuivre via Skype jusqu'à son retour à Chaumont. Lorsqu'il revient et reprend la vie commune, les choses ont manifestement changé. Séverine a un comportement plus distant et Pierre commence à envisager sérieusement que Séverine ait un amant rencontré durant son absence. Pourtant, au niveau sexuel, tout continue comme avant, mais Pierre devient de plus en plus possessif et jaloux. Séverine s'absente souvent, il ne sait pas où elle va et il perd pied petit à petit. Plus elle s'éloigne et plus il devient jaloux. Les reproches deviennent quotidiens, l'ambiance se détériore assez rapidement après son retour, et l'on va passer des « Tu étais où ? », « Tu as fait quoi ? », « Tu étais avec qui ? » à des insultes, voire des menaces. La rupture est proche et, plutôt que de l'accepter, Pierre s'enferme dans cette relation qui devient naturellement toxique pour les deux amants.

Séverine se plaint à ses amies, elle fait état de leurs disputes et de ses craintes, de la jalousie maladive de son compagnon, de son mal-être. Toutes les amies de Séverine s'attendent à la rupture avec Pierre qui était pourtant apparu, au début de leur relation, comme l'homme idéal. Séverine raconte qu'une fois, à l'occasion d'une crise de jalousie, il l'a insultée puis lui a asséné une violente gifle.

Le matin du 8 mai 2009, Séverine ne va pas travailler, elle se rend immédiatement à la brigade de gendarmerie de Chaumont. Elle vient déposer plainte pour des violences et surtout pour viol.

Elle est en pleurs lorsqu'elle dépose. Les gendarmes qui sont présents prennent sa plainte et l'emmènent directement chez le médecin légiste pour établir un certificat médical indispensable dans une procédure judiciaire de ce type et définir aussi son ITT (incapacité temporaire de travail) qui permet notamment d'apprécier l'intensité du retentissement des violences subies. Plus il y a de jours, plus c'est grave, mais avant d'aborder ce point, résumons les déclarations de la plaignante :

• Elle déclare avoir subi des violences physiques lors de trois disputes.

• La troisième fois qu'elle a subi des violences, c'était la veille de déposer plainte, suite à une crise de jalousie à l'occasion de laquelle elle a voulu quitter le domicile commun.

Il y aurait eu des coups de poing, de pied au visage, sur tout le corps, des coups de genou dans le ventre. Elle aurait eu de plus la tête cognée à plusieurs reprises contre un mur en la tenant par les cheveux. Ces faits se seraient passés juste avant d'aller chez des amis du couple, en tout début de soirée, vers 18 h. De retour de la soirée vers 23 h, il y aurait eu d'autres coups et notamment des gifles et des coups de pied. Après cela, ils se seraient couchés. Puis vers 2 h du matin, alors qu'elle tentait de partir, il lui aurait reproché de vouloir aller voir son amant et les coups auraient repris, et puis un rapport sexuel forcé et qualifié de très douloureux, vaginal et anal avec des sex-toys, puis des coups sur les seins et les fesses.

Elle déclare aussi qu'il l'a régulièrement forcée à partager des moments sexuels via Skype lorsqu'il était au Liban, lui imposant d'utiliser des accessoires sexuels contre son gré pour le satisfaire à distance.

Voilà, à ce stade des faits, ce qu'a déclaré la victime avant de se rendre à la médecine légale. Sur place, le médecin légiste qui est une femme, habituée à constater les violences, qu'elles soient physiques ou sexuelles, procède à l'examen complet de la plaignante. Le certificat médical détaille les constatations suivantes :

• Lésions au visage, une ecchymose frontale, ecchymoses aux deux yeux, une ecchymose de la mandibule gauche et une plaie minime de l'hémilèvre.

• Une perforation tympanique.

• Des griffures sous le menton.

• Des ecchymoses sur les cuisses, les bras et deux éraflures sur la main droite (compatibles avec des lésions de défense).

• Au niveau vaginal et anal, il n'existe aucune atteinte.

L'ITT va être fixée à 10 jours.

Le jour même, Pierre est interpellé par les gendarmes au volant d'une belle voiture de sport alors qu'il rend visite à une amie. L'interpellation se fait sur la voie publique et elle est réalisée sans ménagement. Pierre est emmené immédiatement à la gendarmerie, puis placé en garde à vue. On lui reproche des faits de violence et de viol. C'est l'effondrement. Dès le début de sa garde à vue, il conteste les faits de viol. Sur les violences, tout est compliqué. Selon lui, ils ont une relation amoureuse particulièrement passionnelle et les insultes, parfois même les coups, font partie intégrante de leur sexualité débridée.

Pierre nous expliquera que sa garde à vue a été tendue, très tendue même. Il est militaire, les gendarmes aussi, et la leçon de morale va être permanente. Comment un officier de l'armée française peut-il se comporter ainsi ? Même si les rapports sexuels sont consentis, ce qu'il lui a fait subir via Skype alors qu'il était au Liban est ignoble. Comment pouvait-il s'imaginer que cela plaisait à sa compagne ?

De toute façon, les choses sont claires, vu le certificat médical et les accusations de sa compagne, c'est la fin de sa carrière militaire. Un des gendarmes présents lui conseille même la démission immédiate pour éviter la honte d'une procédure de radiation et puis surtout, vu la gravité des faits, ce qui l'attend c'est la prison.

Avant la fin de la garde à vue, Pierre étant manifestement devenu plus malléable pour les enquêteurs, on organise une confrontation entre lui et la plaignante. Cela fait quarante heures qu'il est à la gendarmerie, c'est long, très long, surtout pour quelqu'un qui n'a jamais connu ça. Le plus long, ce ne sont pas les interrogatoires, ce sont les temps d'attente dans la petite cellule intégralement en béton où il n'y a rien d'autre qu'un lit scellé dans le béton avec une couverture. C'est tout.

C'est durant ces moments-là que le gardé à vue est seul et qu'il a tendance à s'effondrer psychologiquement. Et moins il est habitué à ce type d'épreuve, plus la violence psychique subie est intense, et les enquêteurs en ont parfaitement conscience.

Les questions s'enchaînent et le sommeil est rare. Que va-t-il se passer ? Est-ce que je suis coupable ou pas ? Est-ce que je vais aller en prison ? Que va-t-il m'arriver au travail, avec mon logement, avec mes crédits ? Comment je vais faire ? L'avenir personnel et professionnel de Pierre s'assombrit fortement…

La confrontation intervient et Pierre se retrouve face à sa compagne, plutôt son ex-compagne. Il le comprend vite car si les gendarmes sont prévenants avec elle, ils sont particulièrement raides avec lui, après tout, c'est un violeur et il est traité comme tel, sans aucun égard. La confrontation apporte peu de chose sur les coups constitutifs de violence, Pierre les reconnaît, mais uniquement concernant le jour des faits, pas les autres. En revanche, il conteste formellement le viol. Il reconnaît qu'il y a bien eu un rapport sexuel plus tard dans la nuit, mais consenti. Fin de la confrontation et de la garde à vue. Direction le palais de justice, le juge d'instruction pour la mise en examen, le juge des libertés pour le débat sur la détention provisoire demandée par le procureur de la République et enfin direction la prison, pour neuf mois !

Difficile à vivre pour un militaire de carrière décoré et irréprochable, en plus incarcéré pour le pire en maison d'arrêt : pour viol. Il faut savoir qu'en prison, il y a une hiérarchie morale. Il y a les détenus nobles et les gueux. Les gueux, ce sont ceux qui sont accusés de viol, appelés aussi des « pointeurs, pointus », ou ceux accusés de meurtres d'enfants. Avec ces détenus, tout est permis voire encouragé en matière de violences ou d'humiliations. Les nobles, ce sont les braqueurs, trafiquants de stupéfiants et autres. Même en prison, il y a une morale qui permet de classer les détenus entre eux. C'est la morale de la tôle, il en faut bien une, ne serait-ce que pour se rassurer sur soi-même et se dire qu'il y a pire que soi !

À ce titre, j'ai un jour été contacté par un détenu accusé d'avoir frappé sa mère avec une très grande violence, qui m'a demandé de le défendre en appel. Il venait d'être lourdement condamné par le tribunal et espérait voir réduire sa peine en appel. Je lui réponds par l'affirmative en lui faisant une proposition d'honoraires pour le défendre et il m'a adressé une réponse plus qu'étonnante en me disant, en substance, qu'il n'avait pas les moyens de me payer parce que lui, au contraire des gens que je défendais, n'était pas un délinquant mais un honnête citoyen. Je lui avais répondu que je comprenais, qu'il était effectivement différent de mes clients habituels de l'époque (je défendais beaucoup de trafiquants de stupéfiants) qui étaient sûrement des voyous alors que lui, non, il était juste un honnête citoyen qui avait envoyé sa mère à l'hôpital. (C'est sûrement mieux, en tout cas selon sa morale à lui !)

L'instruction de Pierre va suivre son cours, auditions, expertises psychiatriques et psychologiques de Pierre et d'Aurélie. Tout ce qui ressort de ces actes d'instruction, c'est que les experts semblent formels tant sur la crédibilité des déclarations de la victime que sur l'existence d'un préjudice post-traumatique suffisamment grave d'ailleurs pour empêcher la victime de s'investir dans une relation amoureuse et encore moins dans sa sexualité. Juste un petit bémol, il apparaît, la concernant, au travers des dépositions de ses amis et de sa famille, une tendance certaine à dramatiser ce qui lui arrive et une tendance à se plaindre. Quatre témoignages cependant nous interpellent avec maître Estève, deux de ses collègues font référence à l'existence d'un nouveau petit ami avec qui une idylle aurait commencé juste après les faits, mais dont la victime ne parle absolument pas ; et une de ses amies affirme qu'Aurélie ne s'intéresse à ses clients que lorsqu'ils sont particulièrement aisés comme c'est le cas de Pierre.

Et enfin, une autre de ses collègues et amie proche a, quant à elle, pu constater qu'elle avait été capable de s'inventer des maladies pour se faire plaindre et pour manipuler ses interlocuteurs. Le reste des auditions parlent d'une jeune femme tout à fait équilibrée, tant dans sa vie professionnelle que personnelle.

Quant à l'accusé, il se dessine le portrait d'un homme en apparence irréprochable, mais qui serait en réalité un homme violent. Les gendarmes, dans le cadre de la commission rogatoire sur la personnalité de l'accusé, vont naturellement entendre la famille, mais aussi les amis et les collègues de travail de l'accusé (c'est la règle), ils remontent même parfois jusqu'à la plus tendre enfance du mis en examen.

Pour Pierre, les enquêteurs vont relever, au fur et à mesure des auditions, les éléments suivant pour étayer la thèse d'un homme violent :

- En 2009, il a pris à partie un de ses amis en lui reprochant d'avoir eu une relation avec Aurélie, de façon très agressive (verbalement).
- Une voisine du couple a fait état de « chamailleries » régulières, de disputes plus ou moins intenses entre les deux amants.
- Une amie de Pierre confirme que ce dernier était très jaloux et convaincu qu'Aurélie le trompait lorsqu'il était au Liban.

• Une de ses ex-compagnes fait savoir qu'après des débuts torrides dans leur relation, elle avait rapidement eu peur de lui et de son comportement trop intrusif.

• Une amie d'Aurélie précise, quant à elle, qu'elle a dû modifier le décolleté d'une des robes d'Aurélie, jugé trop provocant par Pierre, et qu'elle aurait vu des bleus sur ses bras.

• Enfin, une ex-compagne de l'accusé, qui avait eu une relation avec lui il y a dix-neuf ans de cela, s'est souvenue au moment de son audition qu'il l'avait forcée une fois à regarder un film pornographique et qu'il l'avait tirée par les cheveux à cette occasion.

Naturellement, les gendarmes ont aussi exploité les téléphones de Pierre et d'Aurélie et ont retrouvé une multitude de messages d'insultes du genre : « sale pute », « grosse salope », « ordure », « va te faire enculer », etc.

Le juge d'instruction, fort de tous ces éléments, a clôturé le dossier de Pierre et suite aux réquisitions du ministère public de Dijon, a ordonné le renvoi de l'affaire devant la cour d'assises.

Entre-temps, et après l'avoir demandé à plusieurs reprises, l'institution judiciaire a laissé sortir Pierre de prison pour le placer sous contrôle judiciaire ».

Le procès va durer cinq jours, ce qui est long pour une affaire de viol (en général, cela se déroule entre deux et trois jours maximum), mais il y a énormément de témoins cités à la barre en plus de tous les experts et des enquêteurs.

Lorsqu'on aborde la défense de Pierre avec maître Estève, on sait que le dossier est difficile. Il y a d'un côté les violences qui sont reconnues, et de l'autre le viol. Les deux faits se passent le même jour, mais avec deux heures de décalage. La difficulté majeure, c'est l'appréciation morale qu'en ont faite le procureur de la République et le juge d'instruction que l'on retrouve dans la motivation de l'ordonnance de mise en accusation, l'acte qui saisit la cour d'assises.

Il est écrit dans cet acte qu'on appelle l'OMA (ordonnance de mise en accusation) que « si aucun témoin n'était alors présent, les explications qui précédent, la teneur et l'importance des blessures subies par Aurélie, la dénonciation des faits dès le lendemain matin excluent qu'il y ait pu avoir de sa part acceptation des relations sexuelles décrites par elle et Pierre. Tous les événements qui ont marqué la soirée montrent au contraire un important état d'énervement de la part de Pierre, embrasé par la jalousie, des reproches répétés d'infidélité et de multiples et impérieuses demandes d'explication.

Ces faits ne rendent nullement plausible la thèse selon laquelle Aurélie aurait sciemment menti dans le cadre d'une stratégie de manipulation, de vengeance ou de recherche d'un intérêt pécuniaire. Au contraire, elle souffre toujours d'un syndrome de stress post-traumatique. Le fait qu'elle puisse rechercher à reconstruire une vie affective avec un tiers ne remet pas en cause ce traumatisme. »

Voilà la motivation, très morale d'ailleurs, et très in abstracto[19], rendue par la juge d'instruction qui explique pourquoi, selon elle et le procureur, le viol est caractérisé. Nous savons très bien avec Samuel que nos chances de faire acquitter Pierre sont très faibles, tout se passera à l'audience de la cour d'assises où nous plaiderons coupable pour les violences et non coupable pour les faits criminels de viol.

Le procès va se jouer durant les débats. Les réquisitions de l'avocat général et les plaidoiries ne serviront à rien si les débats ne permettent pas de trancher entre la culpabilité et l'innocence.

---

19. Abstraitement, sans tenir compte de la réalité.

Ce qui va se passer durant le procès est particulièrement signifiant de ce qu'est le principe de l'oralité des débats dans une cour d'assises où seul compte ce qui se dit lors de l'audience. Il y a certes le dossier d'instruction qui est le support indispensable des travaux de la cour d'assises, mais il n'y a que le président, l'avocat général et les avocats des parties (parties civiles et défense) qui ont lu et disposent du dossier. Les jurés, les assesseurs du président, non. Seul compte ce qui sera dit par les uns et les autres à l'audience. La présidente fait son rapport à la cour d'assises, elle résume l'affaire et les éléments à charge et à décharge qu'on peut opposer à l'accusé et qui justifient son renvoi devant la cour d'assises.

Le premier jour d'assises n'est pas en faveur de l'accusé, ce sont les enquêteurs qui, très clairement, penchent manifestement pour la thèse de la victime. Son attitude, sa crédibilité, l'enquête qui n'a pas démontré de réelles fabulations ou des tendances au mensonge ou à la manipulation. Concernant l'accusé, ils confirment un profil violent, enfin ils le tempèrent quelque peu, ce dernier n'étant pas un violent habituel mais occasionnel.

L'enquête de voisinage parle de chamailleries, pas de cris ou de violences, sauf le soir des faits, ce qui n'est pas contesté. Les investigations auprès de l'armée : l'accusé est en réalité un excellent cadre de l'armée, il n'y a d'ailleurs jamais eu la moindre procédure disciplinaire ou remontrance de sa hiérarchie. Pour le directeur d'enquête, on est donc face à un homme qui a perdu pied à cause de sa jalousie. La victime, rien de particulier à dire si ce n'est qu'elle n'a jamais pu refaire sa vie du fait de ses traumatismes psychologiques.

Nous interrogeons l'enquêteur sur l'utilisation des sex-toys et les séances Skype quand Pierre était au Liban. Selon lui, elle était psychologiquement contrainte de s'y plier, n'ayant aucune appétence selon elle pour ce type de séance et d'accessoires. Nous verrons bien car sur ce point précis, nous disposons d'une vidéo privée que nous a remise l'accusé, particulièrement univoque, que nous avions sur une clé USB au cas où la partie civile viendrait sur ce point. La vidéo montre une des séances Skype effectuée, selon Aurélie, sous la contrainte. La vidéo n'allait clairement pas dans ce sens, mais nous la gardions au cas où, le but n'est pas non plus de détruire les gens lors de l'audience d'assises ou de leur nuire. Nous avions aussi exploité le Facebook d'Aurélie et imprimé ses photographies publiées qui montrent très clairement une jeune femme dans la séduction permanente sur les réseaux.

Le deuxième jour, c'est le jour des témoins, ceux cités par l'avocat général. De notre côté, nous nous étions limités à la famille très proche et au chef hiérarchique de l'accusé.

C'est là que le dossier écrit va subir la confrontation avec l'oralité des débats.

Les collègues de travail d'Aurélie vont se succéder à la barre devant la cour d'assises.

Dans la salle, Aurélie est assise aux côtés de son avocat, elle est particulièrement mal habillée, sans maquillage et mal coiffée, bien loin des images qu'on a trouvées d'elle sur Facebook.

C'est Anaïs qui se présente la première à la barre. Elle travaille avec Aurélie depuis des années. Elle fait une déposition conforme à ses déclarations, pas grand-chose de particulier, si ce n'est que sa collègue pouvait parfois inventer des petits mensonges pour se sortir de difficultés quotidiennes (retard et autres...).

Le temps des contre-interrogatoires arrive. Pour Anaïs, avec maître Estève, on va creuser le problème des « petits mensonges ». On interroge Anaïs, a-t-elle des exemples précis, des mensonges qui l'ont choquée ? Anaïs s'est montrée gênée, cela se voyait. La victime, c'est Aurélie, pas l'accusé. Et puis Aurélie est en face d'elle, assise à côté de son avocat. C'est ça aussi, la pression de l'audience.

On insiste et elle révèle qu'il y a deux mensonges quand même qui l'ont interpellée plus que les autres. Une fois, alors qu'Aurélie avait des absences fréquentes et que son chef commençait à en avoir marre, elle avait fait savoir qu'elle souffrait d'un cancer de l'utérus. Bien sûr, elle avait immédiatement rencontré la compréhension de son directeur, d'autant plus qu'elle ne s'était même pas mise en arrêt maladie ! C'était faux. Et puis le second mensonge plus important que les autres, c'était quoi ?

Anaïs nous relate le fait qu'Aurélie lui avait montré, quelques semaines après les faits, des photographies sur son portable d'un homme dénudé, son nouvel amant. Elle lui avait alors précisé qu'il ne fallait surtout pas que les experts ou la juge d'instruction le sachent puisqu'elle avait dit depuis le début de l'affaire qu'elle ne pouvait plus avoir de relation amoureuse avec un homme.

Voilà !

Une seconde collègue se présente à la barre, Nathalie. Elle est un peu perdue puis, au bout de quelques instants, elle fait un signe à la partie civile non sans avoir marqué un temps d'arrêt ! On voit qu'elle a été surprise par l'apparence physique d'Aurélie, mal habillée et pas maquillée du tout !

Sa déposition spontanée est du même style que celle de sa précédente collègue, mais elle n'est pas aussi proche et on obtient donc peu d'informations, si ce n'est qu'elle a remarqué chez Aurélie des comportements séducteurs très prononcés, surtout avec les clients aisés financièrement, un peu comme Pierre. Nous lui demandons alors si sa connaissance de la situation financière des clients avait pu orienter Aurélie dans ses relations amoureuses. Pour Nathalie, cela semble une évidence. Avec maître Estève, on tente une question a priori peu en rapport avec l'affaire : « Que pense-t-elle de l'apparence d'Aurélie à l'audience ? »

La réponse est claire :

– Je ne l'ai pas reconnue tout de suite, ça m'a pris un peu de temps.

– Pourquoi ? insistons-nous.

– Eh bien, elle est toujours impeccable et très apprêtée, voire sophistiquée, comme la semaine dernière au bureau.

On décide alors de verser au débat le portrait Facebook de la partie civile qui est plutôt flatteur, celui d'une jeune femme très élégante et dans une pose que l'on peut qualifier de langoureuse. On montre la photographie à Nathalie et elle est catégorique :

– C'est bien elle, elle est toujours comme ça d'habitude, sauf aujourd'hui. C'est la première fois que je la vois comme cela, je ne l'avais même pas reconnue en rentrant dans la salle d'audience.

Le portrait de la jeune femme qui nous avait été fait par les enquêteurs à la barre de la cour d'assises s'effrite.

Au tour maintenant d'une amie plus proche, Justine, qui connaît très bien Aurélie car elle travaille avec elle depuis des années. Elle confirme ce qu'a dit Anaïs sur le nouveau petit ami et qu'il faut absolument le cacher à la justice selon Aurélie pour « ne pas affaiblir sa position de victime ». Elle aussi a vu les photographies du nouveau petit ami et elle aussi est restée assez choquée par l'attitude calculatrice de son amie.

Les dépositions des autres salariés de la banque et de son ex-mari ne sont pas mieux, « menteuse », « manipulatrice », parfois même complètement « irresponsable » comme lors d'une soirée avec des amis où elle a renversé un caquelon plein d'huile en brûlant sérieusement un de ses amis et s'est sauvée en courant de la soirée sans donner aucune nouvelle pendant plusieurs jours et sans en prendre aucune non plus de l'ami ébouillanté !

Une autre parle d'une « experte en manipulation, capable de passer du rire aux larmes et de revenir au rire en un claquement de doigts », etc., etc. La fin de la seconde journée est difficile pour la partie civile. Le portrait d'Aurélie qui est dressé devant la cour d'assises est beaucoup moins flatteur que celui présenté par les enquêteurs, il est même très problématique. Si l'avocate générale et l'avocat de la partie civile ne montrent aucun signe pouvant trahir une certaine inquiétude face à ce portrait, certains jurés ont l'air consternés par ce qu'ils entendent. Il est vrai que les jurés n'ont pas le droit de manifester leur opinion durant l'audience, mais parfois il y a des larmes, des sourires… On ne peut pas masquer toutes ses émotions quand même. Là, on sent une certaine « consternation », c'est palpable. Le procès avance.

Le début du troisième jour est réservé à l'audition de la victime et à sa version des faits. L'audience reprend, il est 9 h du matin. Elle s'avance à la barre à la demande de la présidente et là, elle balbutie deux mots puis s'effondre au sol devant la cour et les jurés médusés. La présidente, Madame Lathelier-Lombard, qui est une grande professionnelle rodée aux audiences pénales, garde son calme, fait venir la sécurité et les pompiers. En l'espace d'une heure, Aurélie est évacuée à l'hôpital. Vu le portrait de manipulatrice qui se dessine, dressé par certaines de ses amies, on s'attendait un peu à ce type d'incident, mais là on est tombé sur une championne. Faute de victime, on va donc passer aux experts de la victime et de l'accusé. L'expert psychiatre qui a examiné la victime a noté à l'écrit une absence de pathologie liée au mensonge (pas de mythomanie, donc) et un stress post-traumatique majeur. Il confirme ses analyses devant la cour, puis nous commençons à l'interroger sur ses travaux :

– Monsieur l'expert, vous déclarez que la victime n'est pas une menteuse. Pouvez-vous préciser ?

L'expert : – Je n'ai pas dit ça, Maître, j'ai dit qu'elle n'était ni fabulatrice ni mythomane, ce n'est pas pareil, mais concernant le mensonge, pour être clair, elle ne m'a pas semblé mentir sur ce qu'elle m'a déclaré.

– Parfait. Mais concernant son cancer de l'utérus dont elle vous a parlé, avez-vous des éléments médicaux ?

– Non, je ne vois pas pourquoi elle inventerait cela ?

– Et bien si, c'est faux, elle n'en a jamais eu, c'est constant dans le dossier. Il n'y a jamais eu le moindre traitement la concernant, et pourtant on a cherché ! Et concernant son impossibilité à lier une relation amoureuse ou avoir des rapports sexuels depuis les faits ?

L'expert : – Ce sont ses déclarations et je ne vois pas pourquoi elle dirait cela si cela est faux, c'est d'ailleurs cohérent avec son syndrome de stress post-traumatique.

– Très bien. Mais, Monsieur l'expert, sous le contrôle de Madame le président, c'est faux aussi, elle a eu un nouveau petit ami très peu de temps après les faits et elle a masqué délibérément cet élément à la justice et aux experts selon les témoins.

L'expert commence à vaciller, cela se voit. Il ne répond rien, il est visiblement déstabilisé, c'est ce que nous voulions. Nous poursuivons :

– Vous faites état d'une prise de poids très importante juste après les faits et au moment de votre expertise, vous l'avez pesée n'est-ce pas ?

L'expert : – Oui, je suis médecin, je pèse et mesure toujours les victimes, même si je sais que mes confrères ne le font pas souvent. Mais comme elle évoquait une prise de poids importante avec des épisodes de boulimie.

C'est vrai, c'est singulier, en général les médecins psychiatres ne font pas cela lorsqu'ils font une expertise psychiatrique, mais c'est ainsi et pour la défense, c'est une vraie opportunité.

Nous insistons sur ce point :

– Le problème, c'est que quand elle a été vue par le légiste, le lendemain des faits, elle pesait soixante-deux kilos. Quand vous la voyez, deux mois après les faits, elle pèse cinquante-neuf kilos ! »

(Elle n'a donc pas pris dix kilos, elle en a perdu trois !) Alors, Monsieur l'expert, vous maintenez toujours vos conclusions ?

Non, il ne les soutient plus vraiment, mais les jurés ont parfaitement compris ce que vous voulez dire : « manipuler un expert », et c'était là l'idée même de notre intervention.

La présidente ne dit rien, elle préside et laisse la défense défendre, respectueuse des règles du procès, impartiale, peu importe de quel côté penche la balance durant les débats, c'est ainsi que doit se tenir un procès impartial et équitable.

Au tour de Pierre, l'accusé, de voir sa personnalité passée au crible, notamment au travers de son expertise psychiatrique qui est catastrophique. Un vrai pervers narcissique selon l'expert psychiatre, un homme qui a une définition de l'amour complètement déviante et axée essentiellement sur la sexualité, qui ne s'intéresse qu'à ses propres émotions et qui est dans l'incapacité « de s'identifier au mode de pensée ou de comportement d'une femme ». Pour l'expert, l'accusé est un obsessionnel immature, mais ne souffre d'aucun trouble psychiatrique, bref, il est dans la case sui generis[20] des psychiatres : un « état limite » !

L'expert confirme à la barre ses conclusions, mais ce qui nous intéresse, en défense, c'est cette appréhension déviante de la chose amoureuse de Pierre qui confond amour et sexualité, combinée avec son incapacité à comprendre les femmes. Cela permet-il de valider la possibilité de passer à un acte sexuel forcé, le viol ? Pas très scientifique pour un médecin psychiatre. Nous attaquons les conclusions de l'expert :

– Monsieur l'expert, vos conclusions ne relèvent-elles pas plus de la psychologie que de la psychiatrie ?

20. *Sui generis* est un terme latin de droit, signifiant « de son propre genre » et qualifiant une situation juridique dont la singularité empêche tout classement dans une catégorie déjà répertoriée et nécessite de créer des définitions spécifiques.

L'expert : – Non bien sûr, « l'état limite » est connu en psychiatrie, c'est ce que je décris concernant Pierre.

Nous avons affaire au genre d'expert à qui il faut poser peu de questions car il a toujours raison et n'hésite pas à ridiculiser un contradicteur qui s'aventure sur son terrain scientifique. On va donc le sortir de sa science puisqu'il en est sorti et, surtout, là où il ne s'y attend pas du tout :

– Monsieur l'expert, pouvez-vous nous rappeler la définition de l'amour ?

L'expert est ennuyé et désarçonné, cela se voit. Nous enfonçons le clou :

– Faites-le, s'il vous plaît, parce que comme je n'en ai pas trouvé dans tous les ouvrages que j'ai consultés et que vous écrivez que Pierre a une appréhension déviante « de la chose amoureuse », vous devez la connaître ?

L'expert comprend qu'il est en difficulté et que nous l'avons entraîné sur un terrain délicat. La question est posée et il va devoir répondre à une question en réalité sans réelle réponse. C'est quoi l'amour entre un homme et une femme ?

L'expert : – Je me suis mal exprimé. Effectivement, il est impossible de donner une définition de l'amour, c'est très subjectif, les formes sont multiples, chacun vit ses histoires d'amour à sa manière sans qu'il y ait de règles en la matière, tout est possible !

– On est d'accord, Monsieur l'expert, alors une relation amoureuse basée sur le sexe, c'est de l'amour ou pas ?

L'expert : – Oui, c'est possible, même si on peut penser à d'autres choses pour caractériser l'amour, comme la tendresse, l'empathie, les projets communs, les enfants, etc., mais c'est tout à fait possible.

– Savez-vous si cela convient d'ailleurs à Aurélie ?

L'expert : – Je ne sais pas, effectivement je ne la connais pas, je n'ai pas fait son expertise, l'accusé dit effectivement que cette appétence pour le sexe était réciproque, c'est peut-être vrai, peut-être pas, je ne sais pas.

– Alors, Monsieur l'expert, pourquoi parler de déviance et d'incapacité à s'identifier au mode de pensée ou de comportement d'une femme, sachant que la femme qui nous intéresse, c'est Aurélie et que vous ne la connaissez pas ?

L'expert acquiesce, effectivement il a été un petit peu trop loin et trop péremptoire dans ses conclusions. Les jurés le comprennent. C'est pour nous suffisant, ses conclusions viennent de s'affaiblir considérablement.

La prochaine étape sur ce sujet, ce sera l'ex-femme de Pierre. Mais pour l'heure, après la pause, c'est le retour de la victime dans la salle d'audience. Son conseil a communiqué les analyses médicales de l'hôpital. Elle est parfaitement en forme. On le fait remarquer dès le début de l'audience. Le malaise était-il réel, était-il feint ? On a bien sûr notre idée là-dessus, mais on laisse la cour d'assises se forger sa conviction.

L'ex-femme de Pierre avec qui elle a eu un enfant dépose, elle parle d'un homme formidable, gentil, attentionné, mais effectivement très porté sur le sexe. Elle explique que jusqu'à la naissance de leur enfant tout allait bien, mais qu'après les choses se sont dégradées. Le couple s'est éloigné, ils ne sortaient plus, elle avait arrêté de travailler d'un commun accord pour s'occuper de leur enfant et s'est vue délaissée, écartée de toute vie sociale. Plus de sorties, plus d'amis à la maison. Pierre est devenu désagréable, même parfois avec sa belle-famille, et la rupture est intervenue quelques mois après cette naissance. Elle met fin à sa déposition et répond à une question de la présidente :

– Madame, vous aviez parlé d'un pervers narcissique concernant Pierre, pourriez-vous préciser ?

L'ex-compagne étaye son propos :

– C'est l'isolement dans lequel j'étais, il ne m'aidait pas, il ne me valorisait pas, il m'isolait pour mieux me contrôler, je pense, il n'appréciait pas quand mes amis venaient chez nous, il était désagréable, donc mes amis ne venaient plus et je n'allais plus chez eux.

Nous décidons d'intervenir :

– Madame, avant la naissance de votre enfant, vous aviez une vie sociale importante, c'est ça ?

L'ex-compagne : – Oui.

Ils sortaient beaucoup, allaient chez des amis régulièrement, en famille etc., puis après plus rien.

La défense : – Ce que vous décrivez, me semble-t-il, arrive dans beaucoup de couples après la naissance du premier enfant et surtout la fatigue, le changement d'habitudes, voire l'éloignement du couple avec un quotidien à réinventer ?

L'ex-compagne acquiesce, elle a manifestement fait un baby-blues, elle le reconnaît.

La défense : – Et sur l'isolement dont vous parlez, il est militaire d'active et très peu présent car il a beaucoup d'activités extérieures. Est-ce qu'il vous surveillait ? Est-ce qu'il vous empêchait de sortir ou de voir votre famille, vos amis ?

L'ex-compagne : – En fait, c'est un peu moi-même qui m'interdisais de voir du monde, surtout les gens qu'il n'aimait pas trop, mais il ne me le demandait pas. Pour les sorties, c'étaient les courses, m'occuper de mon enfant, rien d'autre. C'est vrai que j'aurais pu sortir même sans lui, mais là aussi je n'étais pas bien, je ne le faisais pas, mais c'est vrai que je le lui en voulais de tous ces changements dans notre quotidien.

Fin de l'interrogatoire. En réalité, il n'y a là, dans ce qu'elle décrit, qu'un banal phénomène de couple qui s'étiole petit à petit après une naissance sans que l'homme se comporte en pervers, propriétaire de sa compagne. Dont acte.

Enfin, la plaignante arrive à la barre. Sûre d'elle cette fois-ci. Elle se campe devant la barre et s'installe, non sans nous avoir longuement fixés, Samuel et moi, avec l'air de dire : « Vous allez voir ce que vous allez voir. » Elle fait sa déposition, effectivement, on passe des larmes au rire en l'espace de quelques instants. Elle remet en cause les témoignages de ses collègues invoquant la jalousie féminine. Elle s'offusque qu'on lui prête l'intention d'avoir eu des relations motivées par les situations financières de certains clients de la banque, dont Pierre. Jamais. Oui, elle a caché l'existence de son nouveau petit ami, pas pour tromper la justice mais pour le protéger de la procédure en cours. Elle est plutôt convaincante, voire trop, on a une sensation désagréable d'assister à une prestation bien préparée. La présidente l'interroge sur sa sexualité. Elle le fait avec tact. C'est toujours délicat de parler de sexualité devant tout le monde et surtout devant des gens que l'on ne connaît pas. Il y a toujours la peur d'être jugé. Elle précise d'entrée que toutes les pratiques sexuelles sont respectables dès lors qu'elles sont réalisées entre personnes consentantes. En dehors du consentement, la cour d'assises ne juge pas moralement les actes sexuels. Après ce préambule pour permettre un débat libre, la présidente peut commencer son interrogatoire. Concernant l'utilisation de sex-toys ? Ils sont tous placés dans un carton sous scellés. En fait, Aurélie assouplit ses déclarations, il s'agissait de jeux sexuels consentis, rien d'autre.

– Et les relations via Skype ? demande la présidente.

Consenties, mais pour lui faire plaisir. Nous ne sommes donc plus dans la contrainte psychologique dénoncée au début de la procédure. (La vidéo en notre possession devient inutile, elle sera d'ailleurs détruite par nos soins.) La présidente ose poser la question :

– Et les relations sexuelles à tendance sadomasochiste ?

C'est une grande question dans cette affaire. Aurélie acquiesce. Oui, cela faisait parfois effectivement partie de leur sexualité. Mais elle maintient que le soir des faits dénoncés, elle a été violée et si elle a fait semblant d'être d'accord, c'est par peur et parce qu'elle voulait se débarrasser de lui qui était devenu trop jaloux et trop possessif.

Pourquoi pas ? Ce sont ses déclarations, nous allons donc l'interroger. Elle est trop sûre d'elle pour que l'on obtienne un changement significatif de sa part, mais l'oralité est parfois lapidaire. Je termine son interrogatoire en revenant sur le problème de son poids ! Elle nous regarde avec Samuel, prend son temps et nous répond :

– Vous savez, Maître, durant toute cette procédure, j'ai beaucoup grossi, mais j'ai aussi beaucoup menti.

Sidérant lapsus qui n'échappe à personne. Elle se reprend :

– Pardon, j'ai beaucoup maigri aussi.

La défense n'a plus de question, et pour cause… ce lapsus n'a échappé à personne dans la cour d'assises au point que même l'un des assesseurs a levé les yeux au ciel, l'impassibilité du juge a ses limites…

Le procès s'achève sur l'interrogatoire de l'accusé, Pierre. C'est un homme effondré qui s'exprime, il essaie de faire bonne figure, mais n'y arrive pas. Les accusations de viol, la prison l'ont brisé. La seule chose positive, c'est que l'armée l'a gardé, sous réserve qu'il ne soit pas condamné pour viol. Le procès, l'inconnu pour les années qui viennent, c'est trop lourd, même pour un soldat solide. Il confirme tout. Les violences ce soir-là, les gifles et un tirage de cheveux. Il regrette, mais c'est fait. Il a perdu pied, il reste convaincu des infidélités d'Aurélie, mais qu'est-ce que ça change, rien ne peut justifier cette perte de contrôle et ses coups. Par contre, le rapport sexuel deux heures plus tard, c'est elle, c'est à son initiative et il est persuadé qu'elle l'a fait en sachant parfaitement comment elle allait s'y prendre le lendemain pour se débarrasser de lui.

Le rapport sexuel est indéniable, il y a eu des prélèvements effectués par le médecin légiste et cela n'a jamais été contesté par Pierre. Les coups aussi, ils sont objectivés par le médecin légiste. Des violences sexuelles, vu le rapport décrit aussi bien par Pierre qu'Aurélie, rien. Absolument rien. On ne peut pas en conclure qu'il n'y a pas eu viol, mais le médecin légiste le concédera : « C'est très surprenant », quand on sait que même des rapports consentis peuvent laisser des micro-déchirures et des hématomes !

L'avocat général a requis huit ans contre Pierre, au motif qu'il est « inconcevable qu'une femme ait pu avoir envie de faire l'amour après la scène de violences initiale, reconnue par Pierre ». La cour d'assises l'a condamné à un an ferme pour les faits correctionnels de violence sur Aurélie, mais l'a acquitté pour les faits criminels de viol. Une décision ciselée, très lointaine de la morale initiale de cette affaire, mais fidèle au déroulé des débats devant la cour d'assises et, surtout, très loin de la morale de l'accusation. Il n'y a pas eu appel du parquet général, la décision est donc définitive. L'affaire de Pierre s'arrête là.

Il a repris sa place dans l'armée avec une mention sur son casier judiciaire pour violences conjugales. Rien d'anormal en soi si l'on applique la jurisprudence de monsieur Quatennens (l'homme qui lutte contre les féminicides). En effet, du point de vue de la morale, puisqu'un député condamné pour avoir violé la loi conserve son mandat et continue de voter des lois qu'il faut pourtant respecter, un militaire condamné pour violences conjugales peut bien continuer à assumer ses missions de défense du territoire. La morale est sauve. C'est là qu'on se rend compte à quel point la morale qu'on applique aux autres est souvent plus sévère que la morale qu'on s'applique à soi-même, surtout pour des raisons politiciennes.

Interview de Monsieur Gilbert Thiel, magistrat

1) Bonjour, Monsieur Thiel. Pouvez-vous vous présenter ?

Il est tard, mais je crois que je le peux encore ! « J'me présente, je m'appelle Gigi, je voulais réussir ma vie, être PG[21], être beau être intelligent et surtout gagner de l'argent [...] Que les filles soient nues, qu'elles se jettent sur moi, qu'elles s'arrachent ma vertu ûh, ûh. » Avec un accent circonflexe sur le... « u ». Raté, complètement raté, de la magistrature je suis retraité ! En réalité, je me nomme Gilbert Thiel et je suis né à Metz le 11 octobre 1948. Après Jésus-Christ, suis-je désormais obligé de préciser, non pas pour porter atteinte au principe de laïcité auquel je suis très attaché mais parce que les affres du temps ont buriné ma gueule de métèque, de juge errant, de pâtre grec. Né sous le signe zodiacal de la Balance et n'ayant nulle propension à dénoncer aux flics mes comparses et complices, le code d'honneur des voyous ayant depuis belle lurette disparu pour laisser place à un Code pénal et à un Code de procédure pénale désormais frappés d'obésité, j'ai fait le choix, par défaut, d'un métier où l'on se doit de peser au trébuchet les responsabilités, les culpabilités et

21. Procureur général.

les peines à infliger en évitant de se prendre pour un épicier. En un peu plus de 38 années de ce qui m'a tenu lieu de carrière, j'ai quitté mon corps – judiciaire – avec le titre, peu envié et très peu disputé, de « mammifère judiciaire le plus ancien dans le grade le moins élevé ». Je pense avoir contribué à illustrer l'adage connu dans toutes les cours et tribunaux : « Tout temps passé à travailler est perdu pour sa carrière. »

2) Vous êtes devenu un magistrat connu et reconnu du grand public, ce qui est rare. Comment expliquez-vous cela ?

Un grand juge, ont parfois dit certains ! Ce qui fut rigoureusement exact car je parvins à atteindre, à l'époque de ma maturité, 1 mètre 83, une taille respectable pour les garçons de la génération de l'immédiat après-guerre. Pour le reste, ce fut une affaire de circonstances, de hasard et de choix professionnellement assumés. Rapide inventaire à la Prévert de quelques affaires ayant défrayé la chronique : lors de la seconde moitié de la décennie 80, toujours juge d'instruction à Nancy depuis ma prise de fonctions début 1978, l'instruction d'une des premières affaires de fausses factures impliquant le gotha des chefs d'entreprise lorrains et des membres de la classe politique de toutes obédiences qui aboutit à une loi d'amnistie que j'eus l'occasion de dénoncer publiquement comme étant « un inavouable autoblanchiment de la classe politique » ; à la même époque, l'instruction, inédite alors, d'une affaire de dessous de table médicaux laquelle, au détour de la procédure, a mis en lumière l'ampleur de ces pratiques particulièrement scandaleuses ; et enfin, à compter de l'été 1985, la procédure relative aux crimes de Simone Weber, notamment accusée d'avoir débité, post mortem je le précise, son ancien amant à la disqueuse à béton, une instruction au long cours de près de cinq années avec une détention provisoire de la même durée à la clé et les 25 avocats qui se sont succédé et parfois étripés pour rester au chevet de la quinquagénaire aux yeux revolver et virer leurs concurrents, en toute confraternité ; à Paris lors de la seconde moitié de la décennie 90, ce fut la traque du tueur en série Guy Georges, baptisé avant son identification le tueur de l'Est parisien, qui me valut une sorte de notoriété pour, d'une part être parvenu en dépit de l'absence d'un fichier automatisé des empreintes génétiques à l'identifier puis à le faire arrêter et, d'autre part, pour avoir demandé pardon aux parents des victimes pour les erreurs de la brigade criminelle et celles de la justice, à commencer par les miennes dans la conduite de cette très difficile enquête. Puis vinrent mes dix-neuf dernières années d'activité professionnelle consacrées à la lutte antiterroriste au pôle spécialisé de Paris où j'ai été affecté à compter de la fin de l'été sanglant qui fut celui la capitale en 1995 ; avec, parmi ces affaires qui amènent le juge et les enquêteurs à se hâter car, comme les tueurs en série, les terroristes ne s'arrêtent que très rarement spontanément, une affaire de « faux » terroriste, celle d'Abderrezak Besseghir, le bagagiste de Roissy innocenté en dix jours grâce au remarquable travail des enquêteurs du 36, quai des Orfèvres. Saupoudrez tout cela de la parution, à compter de 2002, de plusieurs ouvrages sur la justice et donc, forcément, sur « moi, ma vie, mon œuvre »😉, une BD consacrée au sarkozysme judiciaire, un vrai filon, une fonction de conseiller technique et un petit rôle dans les saisons 4 à 8 de la série de Canal+, *Engrenages*, pour envoyer quelques messages subliminaux à la hiérarchie judiciaire, et enfin des apparitions répétées dans *Faites entrer l'accusé* ou dans *C dans l'air* à l'époque d'Yves Calvi, secouez le tout avec vigueur pour montrer que vous ne dormez pas[22], et fermeté pour ne pas être accusé de laxisme,

22. Le premier livre du juge Thiel était intitulé *On ne réveille pas un juge qui dort*, Fayard.

et vous êtes assuré d'une petite notoriété, pour une durée limitée, en premier lieu dans les établissements pénitentiaires où vous avez votre public d'usagers habituels de la justice. Mais si vous aspirez à entrer de plain-pied dans l'histoire judiciaire et d'y rester de longues années, faites en sorte de rater complètement une enquête sensible, sur les bords de la Vologne ou ailleurs…

3) Vous avez traité, entre 1978 et 2014, quelques affaires criminelles des plus retentissantes que la France ait connues. Laquelle vous a le plus marqué ?

Nombreuses sont celles qui m'ont interrogé sur la nature humaine. Mais celle qui m'a incontestablement le plus marqué – le mot est faible – est la traque du tueur en série Guy Georges car ce fut une course contre-la-montre, contre la mort. Les enquêteurs de la Crim' et moi-même avons perdu cette course-là. Car nous n'avons identifié l'assassin à répétition que deux ans et huit mois après l'été 1995, période où nous aurions dû le faire avec un peu de chance si tout avait bien marché et si nous avions disposé d'un outil génétique adapté. Conséquence de ce retard : Magali, dix-neuf ans, et Estelle, vingt-six ans, violées puis égorgées à l'automne 1997, et leurs familles à jamais anéanties…

4) Aujourd'hui, avec votre parcours hors norme pour un magistrat, quel regard portez-vous sur la justice et ses évolutions prochaines ?

Le regard d'un type qui serait à la fois astigmate, myope et presbyte ! C'est dire si le présent et l'avenir judiciaires me paraissent singulièrement troubles. Avec, en plus, la crainte de voir l'institution que j'ai connue, et qui ne frôlait pas tant s'en faut la perfection, envahie prochainement et peut-être colonisée par l'intelligence artificielle alors que nous étions tellement habitués à côtoyer, avant de juger, la méchanceté, la violence et la connerie naturelles, « qualités » terriblement humaines.

De surcroît, la revendication de plus en plus assumée d'une impossible justice prédictive a de quoi inquiéter. Mon pessimisme ne concerne pas que la justice, mais en premier lieu et globalement les évolutions de notre société. Comme Édouard Balladur lors du précédent millénaire, pour mettre un terme à ces noirceurs prévisibles, Maître, je vous demande de vous arrêter (de me questionner) ! Car pour moi, c'est forcément le monde à l'envers !

5) Ultime question donc : les livres, les salons littéraires, les conférences, quels sont les projets du juge hyperactif que vous êtes ?

Écrire encore deux ou trois livres si j'en ai le temps. Et surtout j'ai, depuis le salon du livre de Cosnes-sur-Loire, le projet déraisonnable pour ne pas dire complètement fou de partager avec maître Randall Schwerdorffer, que j'ai rencontré en mai dernier en cette occasion, un gigantesque, voire si possible, un monstrueux barbecue, cerné par quelques escadrons de féministes radicales hostiles tant à la gent masculine qu'à la consommation de viandes bovines, de saucisses porcines, mais aussi à celle de liquides réputés comme le sancerre et le pouilly fumé ! Je sais l'homme courageux et, si on est attaqués en plein milieu de ces gustatives activités par de telles amazones revendiquant bien évidemment, pour justifier leurs exactions, l'intersectionnalité des luttes, je suis sûr qu'il me défendrait ! D'ailleurs, c'est son métier !

Chapitre 6

L'affaire de Victor P. : La procédure pénale malmenée

Pour la parfaite information des lecteurs, et surtout des profanes, il faut savoir que nous nous connaissons tous, les avocats, les juges, les enquêteurs. Certains sont des amis, d'autres des connaissances voire parfois aussi l'inverse. Toujours est-il que, loin de la théorie permanente de certains complotistes, il est idiot et faux de penser que le milieu judiciaire s'arrange dans un certain entre-soi. Je ne l'ai jamais vu en vingt-trois ans d'exercice professionnel. Pourquoi ? Tout simplement parce que je pense que notre serment de respecter la loi et les principes de nos professions respectives nous y obligent. Celle ou celui qui sortirait de la sphère de son serment se verrait immédiatement ostracisé et se placerait dans une difficulté professionnelle significative. Pour résumer nos relations entre gens du milieu judiciaire, quand on travaille, on travaille, et lorsqu'on s'amuse, on s'amuse. La barrière est nette et chacun respecte sa sphère d'intervention. La mienne, comme celle de mes associés, est simple : défendre. Mais défendre par tous les moyens que nous donne la loi et sans concession aucune, à défaut nous ne serions pas à la hauteur ni de notre serment d'avocat ni de nos engagements professionnels et personnels.

Dans la présente affaire, je connaissais les enquêteurs. Je ne donnerai naturellement pas leur nom, mais ils se reconnaîtront sans aucun doute. Ce sont eux le centre de cette affaire criminelle, pas les accusés. Cela arrive. L'affaire commence d'une façon tragique.

Quatre hommes issus de la communauté des gens du voyage ont décidé de commettre ce qu'on appelle un « home-jacking[23] ». Ils ont ciblé ensemble un homme qui était susceptible d'avoir de l'argent liquide, voire plus, chez lui. Il faut savoir que dans le milieu du banditisme, il existe des listes de personnes susceptibles d'avoir des espèces, de l'or, des bijoux à leur domicile et qui sont en état d'être « home-jackées ». J'ai moi-même d'ailleurs fait l'objet d'une surveillance de mon domicile par la section de recherche. Une personne que j'avais défendue à plusieurs reprises et avec qui j'avais des rapports très cordiaux m'a prévenu un jour par téléphone du projet de braquage qu'il y avait me concernant. Pourquoi ? Le bruit courait que j'avais plus de 100 000 € en espèces chez moi. J'avais contacté le parquet et lorsque les gendarmes sont venus sécuriser ma maison, ils étaient déjà au courant bien avant moi de ce projet criminel grâce à des écoutes téléphoniques. Le braquage n'aura pas lieu, les malfaiteurs ayant fini par apprendre que leur projet avait été démasqué, mais personne n'est à l'abri de ce type de faits.

Concernant l'affaire de Jérôme, l'homme ciblé est un commerçant de la région du Jura, plus précisément un garagiste. Il a la réputation d'être un homme travailleur et de parole qui a plutôt bien réussi sa vie. Il est âgé de soixante-douze ans et vit avec sa

23. Le home-jacking est un terme anglais désignant une technique bien particulière de cambriolage. Les cambrioleurs s'introduisent tout simplement chez leurs victimes lorsqu'elles sont chez elles, le plus souvent pour dérober les biens faciles à transporter et les clés de la voiture… et partir avec sans effraction !

compagne dans une maison sans prétention. Rien qui ne laisse penser qu'il y aurait des sommes importantes cachées quelque part dans la maison ou le jardin. Et pourtant, c'est lui qui est ciblé par l'équipe de malfaiteurs.

Le 8 décembre 2016, les gendarmes sont appelés pour intervenir à son domicile, il est 2 h 45 du matin. Une voix de femme en pleurs leur demande de venir vite, ils ont été agressés chez eux et son compagnon s'est défendu. Ça a tiré et les agresseurs sont peut-être toujours là, elle n'en sait pas plus. Les gendarmes ne tardent pas, l'appel est identifié et pris très au sérieux. Dans ces cas-là, chaque seconde compte. Très rapidement, ils sont sur les lieux et commencent les constatations initiales. Dans le couloir de la maison, il y a un corps sans vie, étendu au sol. L'individu est manifestement décédé et porteur d'une cagoule. Lorsque le corps est déplacé, il y a deux étuis de balles percutés et un marteau ensanglanté. Dans sa poche, une clé de voiture et rien d'autre. Les gendarmes font le tour de la maison et découvrent une porte vitrée brisée, sûrement l'endroit par lequel les malfaiteurs sont rentrés. Il n'y a pas de caméras de surveillance. Les TIC[24] (les services scientifiques et techniques de la gendarmerie) arrivent et font les prélèvements afin de déceler les traces d'ADN, les empreintes, les traces de poudre, les impacts de balle, les traces de sang, etc. Le corps, quant à lui, est envoyé sans délai, après les prises photographiques, au service de médecine légale pour autopsie et identification.

L'identité de cet homme (inconnue pour l'instant) pourrait permettre de remonter à ses complices.

Marc est emmené par les gendarmes, il reconnaît être l'auteur des coups de feu mortels, il est immédiatement placé en garde à vue. Un homme est mort. Les enjeux de cette garde à vue pour

24. Techniciens en informations criminelles.

Marc sont cruciaux. Légitime défense ou meurtre ? La question se pose immédiatement aux enquêteurs et au procureur de la République. Marc explique aux enquêteurs, dès sa première audition, les faits qu'il vient de vivre, malgré le trouble profond qui est le sien, celui d'avoir tué un homme.

Vers 2 h 30 du matin, il est réveillé par des bruits suspects dans sa maison. Il s'est levé et a aperçu plusieurs faisceaux lumineux, comme des lumières de lampes torches qui bougeaient dans le couloir. Alors qu'il s'apprêtait à retourner dans sa chambre, il a été empoigné par plusieurs individus agressifs qui l'ont couché au sol sans ménagement et frappé à coups de poing, de pied et avec un objet qu'il n'est pas arrivé à définir. Une fois la lumière revenue, il s'est rendu compte qu'il y avait quatre hommes, armés de bâton et un d'un objet noir, mais qu'il n'a pas identifié. L'adrénaline, la surprise réduisent habituellement le champ de vision aussi bien des agresseurs que des agressés. Après avoir repris ses esprits, il a proposé sa carte bancaire avec le code aux quatre agresseurs, mais rien à faire, ils voulaient l'argent ! Deux des hommes sont restés avec lui, tandis que sa compagne était sortie de son lit et emmenée dans la cuisine. La compagne de Marc, sous la menace d'une arme de poing, selon ses déclarations, leur a révélé où était l'argent. À ce moment-là, les deux individus qui étaient restés avec Marc ont relâché leur surveillance pour fouiller et il en a profité pour s'emparer d'une arme de poing caché au-dessus d'une armoire. Il en a menacé les deux agresseurs, mais s'est retrouvé ceinturé par l'un d'eux. Le second a essayé de lui retirer son arme. Les trois hommes se sont retrouvés à lutter dans le couloir quand un coup puis un deuxième sont partis. L'un des deux hommes s'est effondré lourdement sur le sol, touché mortellement à la poitrine. Les trois autres hommes ont immédiatement pris la fuite avec 1300 € en poche. Marc a rejoint sa compagne pour voir comment elle allait et, immédiatement après, elle a appelé les gendarmes. Alors qu'elle était au téléphone, on a frappé à la porte et une voix d'homme a crié : « Gendarmerie, ouvrez ! » Marc a compris qu'en réalité, c'était l'un des agresseurs qui essayait de lui faire ouvrir la porte… Il a menacé d'ouvrir le feu et, quelques secondes après, il a entendu une voiture démarrer en trombe. Voilà comment, en l'espace de moins de cinq minutes, les faits se sont déroulés et la vie d'un homme a basculé.

La compagne de Marc a confirmé ses déclarations. Le procureur de la République, au vu de ses déclarations, mais aussi des résultats de la médecine légale qui étaient tombés, a décidé de mettre un terme à la garde à vue de Marc et a classé l'affaire sans suite le concernant. Il a retenu l'état de légitime défense. Rien de moral dans sa décision, mais juste l'application de l'article 122-5 du Code pénal. Marc avait agi de façon proportionnée dans l'utilisation de ses moyens face à une agression immédiate et injuste suite à une intrusion de nuit dans son logement. Ils étaient, lui et sa compagne, en danger de mort. En conséquence, son comportement est conforme au droit (pas à la morale).

L'enquête sur le home-jacking pouvait commencer. L'homme qui est décédé a été très rapidement identifié, il est très connu pour des faits de vol, mais pas pour des faits de violence ou de home-jacking. Sa famille est prévenue, c'est l'effondrement, il appartenait à la communauté des gens du voyage et il ressort que c'était quelqu'un de très apprécié au sein de sa communauté. Un voleur, c'est vrai, mais un père de famille très aimé et un membre très estimé par son clan. Comme quoi on peut être un voleur, mais aussi quelqu'un de bien moralement, visiblement.

Immédiatement, les membres de la famille du défunt identifié sont placés sous écoutes téléphoniques pour permettre d'identifier les complices, il s'agit là d'un réflexe d'enquêteur dans ce type d'affaires.

Les empreintes n'ont rien donné, l'ADN non plus, et l'exploitation des vidéo-caméras de la ville ont permis d'identifier une Peugeot 406 volée la veille des faits, circulant à très vive allure avant et après les faits, avec au moins deux individus cagoulés à l'intérieur. Le lendemain, on va retrouver cette 406 calcinée à plusieurs kilomètres de chez Marc. En revanche, on découvre que la 406 avait été volée la veille des faits à un kilomètre du camp des gens du voyage où résidait habituellement la personne tuée chez Marc, on l'appellera Jérôme. Enfin, aucune téléphonie exploitable, les malfaiteurs devaient être équipés de talkies-walkies, bref une enquête presque à l'ancienne pour trouver les trois autres membres de la bande.

Les écoutes de la famille de Jérôme vont permettre d'identifier deux personnes, enfin deux surnoms, « Tomate » et « Gus », mais aussi le gendre de Jérôme comme pouvant être impliqué dans les faits. En effet, il ressortait des écoutes qu'ils avaient pris en charge les obsèques de Jérôme, ce qui n'est pas anodin comme comportement pour les enquêteurs. De plus, le gendre de Jérôme avait précipitamment quitté le camp des gens du voyage juste après les obsèques.

Bref, les enquêteurs prennent la décision, avec l'accord du juge d'instruction saisi, d'interpeller et de placer en garde à vue les trois personnes identifiées, on verrait bien ce que donneraient les auditions, les preuves à l'encontre des uns et des autres étant quasiment inexistantes.

Les trois individus ciblés par la section de recherche sont interpellés le 2 mai 2007, il y a le gendre de Jérôme, dit « le Grand », le « Gus » et la « Tomate », autant de surnoms qui sont assez habituels chez les gens du voyage.

« Le Grand » est le plus fragile. Il est le gendre de Jérôme et sa mort a eu un impact considérable sur lui et sa famille. Son interpellation le fragilise encore plus. Il est très jeune et peu expérimenté. Si quelqu'un doit parler, c'est lui. Il est dans les mains des meilleurs enquêteurs de la gendarmerie, la SR. Leur métier, c'est aussi ça, faire parler les suspects, et ils ont des méthodes très rodées. « Le Grand » reconnaît tout de suite avoir participé au vol chez Marc et va désigner ses deux complices par leur surnom, « Tomate » et « Gus », ainsi que son beau-père décédé. C'est lui qui lui a proposé de participer au home-jacking. Ils étaient partis ensemble récupérer la 406 volée la veille. Puis « Tomate » et « Gus » étaient venus les rejoindre, direction chez Marc. Arrivés chez Marc, ils avaient pris une barre de fer et une masse dans le coffre de la 406, mais étaient formels, ils n'avaient vu aucune arme à feu.

Cagoulés et gantés, ils avaient brisé une vitre et étaient rentrés dans la maison et il a raconté une scène quelque peu différente de celle décrite par Marc et sa compagne. Il ne parle pas de coups, mais de menaces et décrit deux actions séparées, comme Marc. L'une dans la cuisine avec la compagne de Marc avec lui et Jérôme, et l'autre dans la chambre entre Marc, « Gus » et « Tomate ». Selon lui, un premier coup de feu a eu lieu dans la chambre de Marc, provoquant la fuite de « Gus » et « Tomate », puis la sienne à la demande de Jérôme qui était resté dans la maison. Puis deux autres coups de feu, et plus rien. C'est lui qui était revenu devant la porte en se faisant passer pour un gendarme, pour essayer de récupérer le corps de Jérôme. Face aux menaces de Marc, il était retourné dans la 406 et les trois hommes avaient pris la fuite, puis étaient allés incendier la voiture avant de retourner au camp…

Les gendarmes tiennent les aveux du « Grand », il reste maintenant à procéder à l'identification de « Tomate » et de « Gus ».

« Le Grand » n'est pas assisté d'un avocat durant sa garde à vue, il est seul et inexpérimenté. Les gendarmes se concentrent sur lui pour la reconnaissance des deux autres. On va lui présenter à plusieurs reprises un tapissage photographique sur lequel il y a une douzaine de photos d'hommes issus de la communauté des gens du voyage qui pourraient être impliqués dans ce type de faits.

L'audition est claire, il reconnaît et identifie « Gus » comme étant Victor S. et « Tomate » comme étant Éric P. Parfait. Sa dernière phrase d'audition de garde à vue est éloquente : « Je reconnais avoir commis les faits de vol chez Marc en présence de Victor S. que je reconnais sur les photographies du tapissage. » Concernant « Tomate », il a reconnu les faits lui aussi, dans un autre bureau de la SR. En revanche, pour déterminer qui est « Gus », il a refusé de répondre, prétextant avoir peur de représailles.

Voilà, l'enquête des gendarmes est bouclée, il n'y a plus qu'à présenter ces trois auteurs au juge d'instruction pour une mise en examen. Procéduralement, la fin de la garde à vue permet à l'avocat de la défense l'accès à tout le dossier, accès qui légalement lui est impossible durant la garde à vue. J'assiste Victor P. (« Gus ») depuis des années dans les nombreuses affaires où il a été mis en cause. Naturellement, il me demande de l'assister dans cette affaire dès le début de la garde à vue. En prenant connaissance du dossier, je me rends compte que son implication ne tient que sur les déclarations du « Grand » ! C'est lui qui l'implique et le met en cause. Victor P. passe devant le juge d'instruction et fait des déclarations spontanées très courtes, mais significatives :

– Je ne connais pas celui qui se fait appeler « le Grand », je ne l'ai jamais vu, juste aperçu à l'enterrement de Jérôme. Quant à « Tomate », je l'ai déjà croisé, c'est tout. Concernant mon surnom, c'est « Gus », il y en a plusieurs de « Gus » dans la région. Je n'ai rien à voir dans cette histoire

Fin de l'audition, mise en examen et direction la prison, mandat de dépôt décidé par le juge des libertés et de la détention, totalement hermétique aux arguments de la défense et notamment sur sa situation professionnelle et personnelle très stable, mais aussi sur la faiblesse de l'accusation qui ne repose que sur ce surnom et l'affirmation du « Grand » sur sa participation au home-jacking.

Tout cela ne me convient pas, mais alors pas du tout. Je sens qu'il y a un… truc ! Mais quoi ? J'en parle à mon associé, maître Jérôme Pichoff, à qui je demande de m'assister sur ce dossier. Je lui explique qu'il y a quelque chose qui cloche dans ce dossier. On décide de visionner la garde à vue du « Grand », puisque les auditions des gardés à vue sont filmées en matière criminelle, même si en réalité elles sont très ou trop peu regardées par les avocats de la défense. La demande est faite auprès du juge d'instruction qui l'accepte. Mon associé file au palais de justice visionner cette dernière audition fructueuse du « Grand ».

Ce qu'il voit sur la vidéo est édifiant. L'un des enquêteurs (qui est pourtant un excellent gendarme et un homme bien) pose la question au « Grand » :

– Tu reconnais le « Gus » sur la planche photographique ?

La réponse est limpide :

– Non.

– Bon, Victor P. c'est le n° 5, tu le connais ?

– Non, mais maintenant que vous venez de me dire qui c'est, oui.

La retranscription des enquêteurs laisse sans voix puisqu'ils ont écrit sur le procès-verbal du « Grand » : « Je reconnais le n° 5 comme étant Victor P., celui qu'on surnomme le "Gus". »

C'est énorme ! Ce n'est pas terminé, à la toute fin de l'audition le même gendarme tape tout seul sur son ordinateur : « Je reconnais avoir commis le vol avec arme chez Marc en présence de Victor P., d'Éric S. et de Jérôme. » Le gendarme regarde « le Grand » et lui dit :

– C'est tout bon, tu peux signer.

Le Grand : – Sérieux, là ?

Le gendarme : – C'est bon, tu signes là, le juge n'aime pas les procès-verbaux pas signés.

Et le « grand » de signer ce faux procès-verbal qui accable Victor P.

Naturellement, dès le lendemain, le juge est destinataire d'une demande de mise en liberté motivée par cette découverte consternante sur la vidéo de la garde à vue du « Grand », et Victor P. est immédiatement remis en liberté, un mois et quinze jours après son placement en détention.

Une question se pose : Pourquoi des gendarmes de la fameuse Section de recherche, d'habitude scrupuleux du respect de la procédure, ont-ils agi ainsi ? Tout simplement parce qu'ils étaient convaincus de l'implication de Victor et qu'ils ne supportaient pas moralement l'idée que celui-ci s'en sorte, faute de preuves. Si personne ne donnait son nom pendant la garde à vue, il n'y avait rien si ce n'est un ridicule surnom, le « Gus », pour le mettre en examen. La fin a justifié les moyens, tant pis pour la loi.

Malgré tout cela, l'instruction suit son cours et les gendarmes vont s'évertuer à démontrer qu'il n'existe qu'une seule personne surnommée « Gus » dans toute la région, au travers de nombreuses auditions de gens de la communauté du voyage, y compris ceux pouvant être surnommés « Gus » eux-mêmes qui (naturellement) dès qu'ils étaient interrogés contestaient être surnommés « Gus ».

On va montrer les photographies des trois compères à Marc, il ne les reconnaît pas. Peu importe pour Victor P., le procureur et la juge d'instruction décident de renvoyer les trois hommes aux assises pour des faits de vol avec arme et association de malfaiteurs, deux ans après les faits.

La motivation est la suivante : pour « le Grand » et « Tomate », ils ont reconnu les faits en garde à vue et aussi devant le magistrat instructeur en présence de leurs avocats respectifs. Pour Victor, c'est plus compliqué, mais les gendarmes et le juge d'instruction sont tellement persuadés qu'il y était que, malgré l'incident majeur de l'audition du « Grand » en garde à vue, on le renvoie quand même, aux motifs suivants : « Les investigations judiciaires ont permis de constater que Victor connaissait la victime puisqu'il avait été incarcéré avec lui, mais aussi avec "Tomate". »

Il connaissait Marc pour s'être rendu au moins une fois dans son garage quelques années auparavant.

Il est la seule personne issue de la communauté des gens du voyage à se surnommer « Gus ».

« Si manifestement "le Grand" a eu du mal à désigner Victor P. comme étant le surnommé "Gus" et qu'il a été poussé par les enquêteurs à le faire, il n'en a pas moins confirmé devant nous que les personnes impliquées au même titre que lui étaient celles qui étaient placées en garde à vue en même temps que lui, et ce alors qu'il était assisté de son conseil. »

Alors là, la lecture de ce paragraphe nous laisse sans voix avec mon associé. Mais quelle mauvaise foi ! La tournure est quand même extraordinaire, tant pis, on s'attendait légitimement à un non-lieu, on verra ça aux assises.

Le juge d'instruction termine son ordonnance de mise en accusation devant la cour d'assises en surlignant deux zones d'ombre persistantes : « Qui a pu renseigner les quatre malfaiteurs sur l'existence d'une somme importante en numéraire chez Marc ? »

Les 1300 € déclarés volés et qui auraient été récupérés par Jérôme dans la cuisine n'ont pas été retrouvés sur lui, et ni le « Grand » ni « Tomate » n'ont fait état d'une somme d'argent remise par la compagne de Marc !

Dont acte, il est fréquent que dans les dossiers criminels subsiste ce que l'on appelle des zones d'ombre, c'est ainsi.

Le premier procès d'assises est compliqué. Victor ne se comporte pas bien. Dans le box, il a l'air d'être le patron des deux autres accusés. On sent qu'ils le respectent, mais aussi qu'ils le craignent. Dans la salle, il y a tout son comité de soutien. C'est trop, les jurés le voient, ils n'apprécient pas, c'est évident. La lecture de son casier judiciaire ne joue pas en sa faveur, âgé de quarante ans, garagiste et ferrailleur de son état, il y a douze mentions et essentiellement pour des vols aggravés. Les jurés ont le sentiment qu'il s'agit d'un professionnel du vol, ce qu'on appelle chez nous un « raideur » (spécialiste des raids en vols multiples). Son attitude se conjugue avec une certaine nonchalance, peut-être aussi un excès de confiance, lui qui n'a fait que quelques jours de détention et qui comparaît libre, alors que les deux autres sont détenus.

Le procès se joue à deux moments, celui du surnom « Gus » et celui du « Grand » et de sa mise en cause de Victor devant les gendarmes. Le reste est absolument sans intérêt. Lorsque le directeur d'enquête fait sa déposition, il est parfaitement limpide, la culpabilité de « Tomate » et du « Grand » repose sur leurs propres aveux passés en présence de leurs avocats respectifs, aveux réitérés à plusieurs reprises durant l'instruction. Quant à Victor dit le « Gus », c'est le « Grand » qui l'a mis en cause, et même s'il s'est rétracté par la suite, il est évident que c'est parce qu'il a peur de lui. De plus, il n'existe qu'une seule personne surnommée « Gus » dans toute la région et c'est Victor.

On interroge le directeur d'enquête :

– Monsieur, concernant le surnom « Gus », comment savez-vous que Victor est la seule personne prénommée « Gus » dans la région ?

L'enquêteur : – On a interrogé beaucoup de personnes dans la communauté des gens du voyage et ils ne connaissent qu'un seul « Gus », c'est Victor.

La défense : – Victor a désigné d'autres personnes se surnommant « Gus », l'avez-vous vérifié ?

L'enquêteur : – Oui, ils contestent tous se surnommer « Gus ».

La défense : – C'est un peu normal, non ? Les gendarmes cherchent l'auteur d'un vol avec arme surnommé « Gus », tout le monde le disait dans la communauté des gens du voyage, donc toute personne surnommée « Gus » pouvait être suspecte ?

L'enquêteur : – Oui, c'est vrai, mais en tout cas on n'en a pas trouvé.

La défense : – Vous n'avez pas interrogé tous les gens du voyage de la région ni fait tous les camps, on est d'accord ?

L'enquêteur : – Oui.

La défense : – Il est donc possible qu'il existe un ou des autres « Gus » ?

L'enquêteur : – Oui, on ne peut effectivement pas l'exclure formellement.

La première étape est passée, le surnom « Gus » n'est pas si accablant que cela, ce n'est désormais qu'un élément parmi d'autres, sans plus. Il reste maintenant à s'occuper des accusations du « Grand » faites durant sa garde à vue.

La défense : – Monsieur l'enquêteur, les accusations portées par « le Grand » à l'encontre de Victor ont-elles été spontanées ou ont-elles été suggérées par les gendarmes ?

Le directeur d'enquête est circonspect. En fait, il ne sait pas que l'on a visionné la vidéo de la garde à vue du « Grand » et il n'était pas l'un des deux gendarmes à avoir procédé à l'audition contestée.

L'enquêteur : – Je pense que oui, si c'est écrit comme cela dans le procès-verbal, c'est le cas.

Le procès se joue là.

La défense : – Monsieur le président, pouvez-vous faire procéder au visionnage de l'audition du « Grand » en présence de l'enquêteur ?

Le président qui connaît la difficulté concernant cette audition est parfaitement en phase avec cette question. Il ordonne donc le visionnage de cette audition cruciale pour l'issue du procès, et en présence du directeur d'enquête. La cour d'assises visionne donc les passages contestés par la défense.

L'effet est important sur les jurés, on y voit très clairement l'un des deux enquêteurs montrer sur le tapissage qui est Victor au « Grand » qui ne le connaît pas. On comprend parfaitement que l'enquêteur note que « le Grand » le reconnaît spontanément et le désigne sur la photographie n°5, ce qui est vrai, mais seulement après qu'on lui a montré la photo n°5. On comprend aussi que c'est le gendarme seul qui écrit cette phrase finale du procès-verbal qui implique Victor : « Je reconnais avoir commis le vol avec arme chez Marc en présence de Victor P., d'Éric S. et de Jérôme. »

Le directeur d'enquête est mal à l'aise, mais il protège ses gendarmes. En réalité, selon lui, ils ont aidé « le Grand » à passer aux aveux complets, l'implication de Victor est certaine pour lui. Il reconnaît quand même qu'il n'aurait pas dû procéder comme cela le concernant, mais bon…

Son audition s'arrête là. Le procès peut suivre son cours sans grand intérêt en réalité en termes de défense, tout le procès était là. Plus d'accusation spontanée et loyale du « Grand », l'acquittement nous paraît évident, on ne voit pas juridiquement comment la cour d'assises pourrait motiver une condamnation de Victor après ce visionnage ahurissant de l'audition du « Grand ». L'avocate générale va pourtant requérir la condamnation de Victor et des deux autres, naturellement, comme s'il ne s'était rien passé, jugeant anecdotique le visionnage de la garde à vue et estimant que « le Grand » a tout juste été aidé par les enquêteurs, rien d'autre. Elle insiste surtout sur sa personnalité, laissant presque de côté le surnom « Gus », celle d'un chef de bande, d'un voleur professionnel qui connaissait l'existence de Marc, son lieu de résidence et Jérôme.

Elle demande huit ans contre Victor. À la surprise générale, lorsque la cour d'assises revient, Victor est déclaré coupable et condamné à sept ans. Avec mon associé, nous sommes restés médusés par cette décision. On a sauté sur la feuille de motivation pour comprendre. Les jurés avaient retenu les accusations du « Grand » comme étant probantes à l'encontre de Victor.

On a compris. On l'a dit à Victor et il a compris aussi. La cour d'assises n'avait pas envie d'acquitter un homme qui se comportait dans le box comme le chef des deux autres accusés. Acquitter un homme juste parce que les gendarmes n'ont pas respecté la procédure, c'est immoral. Le jugement de la cour d'assises de première instance n'est qu'un jugement moral et rien d'autre, mais on sait aussi très bien que dans une cour d'assises tout, absolument tout, est possible, y compris un jugement moral.

Victor est parti en détention sur-le-champ. On a fait appel dès le lendemain et déposé une demande de mise en liberté en parallèle. Victor est sorti un mois plus tard, remis en liberté par la chambre de l'instruction.

Victor a compris, c'est un homme intelligent. On se connaît bien, j'ai défendu son père il y a quinze ans, je l'ai fait relaxer dans un dossier d'instruction à Moulins. Un personnage, un Monsieur. C'est Victor qui m'avait demandé de le défendre. La première fois que je l'ai vu à la maison d'arrêt de Moulins, j'ai remarqué qu'il lui manquait plusieurs phalanges aux mains. J'ai demandé à Victor ce qui était arrivé à son père et il m'a expliqué qu'il avait été détenu à tort durant cinq mois, il y a des années. Il s'était coupé une phalange par mois de détention jusqu'à ce qu'on le libère. Ça impressionne quand on a moins de cinq ans de barreau.

Pour le procès en appel, Victor sera seul, les deux autres accusés n'ont pas fait appel. Tant mieux. On est en phase sur le fait que, dans la salle, on ne veut que son épouse et un de ses fils, le plus jeune, et personne d'autre. On a trouvé un autre « Gus », on le fera citer à l'audience. Victor souhaite l'intervention d'un avocat extérieur en plus du cabinet, maître Philippe Screve, un Lyonnais, si nous sommes d'accord naturellement.

Bien sûr que nous sommes d'accord, j'ai fait beaucoup de procès avec Philippe Screve, c'est avec sa compagne, maître Florence Vincent, parmi les meilleurs avocats pénalistes de France, même si Philippe est particulièrement réputé sur les dossiers de trafics de stupéfiants. C'est un partenaire de choix aux assises. Après réflexion, on décide que l'équipe de défense sera composée de Philippe Screve et de mon associé Jérôme Pichoff. Deux styles profondément différents, mais particulièrement complémentaires. Pour résumer, en caricaturant un peu les styles de défense, Jérôme sera le fleuret et Philippe le sabre. Deux styles pour un maximum d'efficacité.

Victor, quant à lui, aura la responsabilité de son comportement. Il a parfaitement compris que l'on a besoin de lui et de sa bonne attitude lors du procès pour le faire acquitter. Si, une nouvelle fois, les jurés le prennent en grippe, ce sera compliqué. L'avocat ne peut pas tout faire aux assises.

Le procès d'assises d'appel est très différent du premier procès. D'abord, Victor ne joue plus les chefs de clan. Il est dans son procès, il ne cherche à épater personne et l'écho de la salle d'audience vide, avec uniquement sa femme et son fils, lui est favorable. Certes, son casier judiciaire n'a pas changé, mais le comportement à l'audience, radicalement. Victor n'affiche plus une assurance insolente dans le box des accusés comme en première instance. Et ça, ça compte énormément. Il n'indispose plus les jurés et donne au contraire envie de l'écouter lorsqu'il est invité à s'expliquer lors de l'audience. Sa première expérience de la cour d'assises lui a laissé un souvenir très amer, mais constructif, ce qui n'est pas toujours le cas.

Pour la défense, le procès se joue à l'identique. Le fameux surnom, « le Gus » ! On en a trouvé un, qu'on a fait citer à la barre. On l'a toujours surnommé « Gus » comme Victor, qu'il connaît d'ailleurs. Il précise qu'il y en a d'autres chez les gens du voyage qui s'appellent « Gus », mais que les gendarmes ne l'ont d'ailleurs pas interrogé.

Concernant le surnom « Gus », les jurés ont bien compris que ce seul surnom n'est en rien une preuve contre Victor. C'est beaucoup trop fragile comme argument, comme le fait que Victor se soit déjà rendu une fois chez Marc pour des raisons professionnelles. Pourquoi ? C'était il y a plus de dix ans avant les faits. À la barre, sa femme dresse le portrait d'un homme solide qui a fait des erreurs, mais d'un bon père toujours présent pour ses enfants et d'un compagnon aimant qui met la famille au-dessus de tout. Cela compte en termes d'image auprès du jury.

Le directeur d'enquête, le même que lors du premier procès, vient déposer, serein. Après tout, la cour d'assises de première instance a condamné Victor malgré la vidéo des aveux « forcés » du « Grand ».

L'interrogatoire est identique à celui de la première instance. Ce qui change, c'est le visionnage de la garde à vue et des soi-disant aveux du « Grand » qui implique Victor.

La présidente ne cache pas sa surprise face au procédé déloyal des gendarmes et surtout des éléments factuellement faux qui sont écrits à charge à l'encontre de Victor. Philippe Screve et Jérôme Pichoff font le reste en contre-interrogeant l'enquêteur, dépité !

La condamnation de première instance repose sur un faux, c'est édifiant, et les avocats de la défense enfoncent le clou, chacun à sa façon. L'effet est dévastateur sur les jurés.

Alors il reste le « Grand » à entendre. Il entre dans la salle d'audience, il est témoin cette fois-ci. La présidente, Karine Renaud, réputée pour sa tenue des audiences et sa rigueur juridique, lui fait prêter serment et lui donne la parole. Il confirme son implication dans les faits commis chez Marc. Concernant Victor, il ne le connaît pas. Il l'a vu pour la première fois sur la planche photographique des gendarmes et ce sont eux qui lui ont dit qui il était. Il n'était pas avec lui lors des faits. Il refuse de donner le nom de celui qui était avec lui et que les enquêteurs n'ont pas trouvé, s'acharnant sur Victor. Il confirme parfaitement ce que la cour d'assises vient de voir sur l'enregistrement vidéo de la garde à vue, la boucle est bouclée. Sur ce, arrive un nouveau « Gus » à la barre, il y en a donc d'autres, sans compter ceux qui, par peur des gendarmes, avaient oublié leur propre surnom (de peur sans doute d'être mis en cause eux-mêmes dans cette affaire, ce qui peut se comprendre).

L'avocat général a requis la confirmation de la décision de condamnation de première instance sans utiliser l'audition du « Grand ». Peine perdue, maîtres Pichoff et Screve ont obtenu l'acquittement de Victor, le droit est sauf ! La morale peut-être aussi, pour une fois.

Interview de maître Philippe Screve, avocat pénaliste à Lyon

1) Présentez-vous, maître Screve.

J'ai prêté serment en décembre 1990 et me suis inscrit au barreau de Lyon. J'ai appris le métier aux côtés du pénaliste lyonnais renommé Yves Sauvayre, à qui je voue toujours une profonde admiration et une amitié sincère et indéfectible.

J'ai ensuite ouvert mon propre cabinet en 1996. J'ai été rejoint quelques années plus tard par maître Florence Vincent, une des rares femmes pénalistes reconnues dont la réflexion est toujours pertinente et l'intuition saisissante.

Je pense être un pénaliste pugnace, procédurier et loyal.

Magistrats et confrères qui me connaissent me décrivent comme quelqu'un d'exigeant et de rigoureux, à la fois dans l'étude des dossiers et dans l'analyse de la procédure, mais également dans les débats à l'audience.

On me dit combatif, parfois virulent, mais toujours dans l'intérêt du client.

J'ai la chance d'être entouré par une équipe de collaboratrices compétentes et motivées, dont notamment maître Ségolène Franc avec qui je travaille depuis plus de huit ans, excellente procédurière ; nous sommes en constante discussion sur les dossiers et sur les évolutions jurisprudentielles.

J'ai le privilège d'être désigné dans toute la France, principalement devant les juridictions interrégionales spécialisées (JIRS), et les cours d'assises, et de traiter ainsi, notamment, nombre de dossiers de criminalité organisée, trafic de stupéfiants, meurtres, vols à main armée…

Après plus de trente années de barre, j'éprouve toujours la même passion pour mon métier de pénaliste, même s'il a considérablement évolué.

2) Quel est votre sentiment sur l'influence de la morale dans le débat judiciaire ?

Nous assistons depuis plusieurs décennies à une forme d'hypermoralisation du procès pénal.

La justice devant les cours d'assises est rendue par des hommes et des femmes qui, par essence, sont exposés aux dérives de la nature humaine. Chaque magistrat, chaque juré est nécessairement construit avec son histoire propre, son éducation, ses convictions, ses valeurs et nécessairement la morale en fait partie.

Les jurés sont extraits de leur quotidien, aussi compliqué soit-il, pour se confronter à une violence extrême, celles des cours d'assises : des actes, des individus qui sont nécessairement très éloignés de leur monde, et dont la trajectoire et le mode de vie peuvent leur faire horreur…

Il nous faut les inviter à se départir de cette approche moralisatrice pour ne se concentrer que sur l'essentiel, la culpabilité ou l'innocence d'un accusé, en dehors de toute appréciation morale, pour ensuite accéder à la juste appréciation de la peine, en cas de culpabilité.

Je refuse pour ma part de laisser guider mon approche d'un dossier par la moindre morale, non pas que j'en sois dépourvu mais parce que je ne suis pas l'objecteur de conscience de mes clients et je préfère les laisser à leur travail de conscience. Cela ne m'empêche évidemment pas, en tant qu'homme, d'éprouver des sentiments, une opinion, mais je me garde en général de les exprimer dans une enceinte judiciaire.

En revanche, on assiste de plus en plus, dès le stade de l'enquête, puis lors des audiences, à des appréciations d'ordre moral portées contre les justiciables par les enquêteurs, puis souvent par des représentants du parquet et parfois même par des magistrats.

Je préfère concentrer mes efforts sur la crédibilité du discours de mes clients plutôt que sur leur moralité. Surtout, en tant qu'avocat pénaliste, je dois me concentrer sur le respect des règles du procès et sur l'exigence de la recherche et de la production de la preuve pénale. Dans notre système judiciaire, il est nécessaire que l'accusation apporte la preuve d'une culpabilité avant qu'une juridiction ne condamne le cas échéant, en dehors évidemment de toute considération morale qui aurait pour effet de polluer la réflexion des juges.

Tout avocat pénaliste doit œuvrer en ce sens.

Souvent, des esprits chagrins s'interrogent également sur la moralité, ou plutôt l'absence de moralité des avocats qui obtiennent la relaxe ou l'acquittement de ceux dont ils auraient estimé qu'ils pouvaient être coupables. Pour ma part, je pense que l'on ne peut que s'en féliciter car cela signifie que le doute a profité au prévenu ou à l'accusé, au-delà de toute appréciation sur la moralité de l'acte reproché, qui n'apparaîtrait pas pour autant susceptible d'être qualifié pénalement.

Il nous appartient évidemment, à nous avocats pénalistes, d'interdire à la morale de franchir le seuil des salles d'audience, de sorte que les juges n'aient pas la faiblesse de s'en emparer pour forger leur intime conviction.

3) Que pensez-vous de l'influence de l'opinion publique et des médias dans les procès d'assises ?

De la même façon que nous assistons à une dérive de l'hypermoralisation du procès pénal, nous déplorons l'influence, parfois toxique, de la médiatisation du débat judiciaire.

Même si cela ne constitue pas mon activité habituelle, on ne peut que regretter la médiatisation de certaines affaires dites de violences sexuelles qui portent ainsi atteinte aux principes essentiels de la présomption d'innocence.

L'on glisse peu à peu vers une présomption de culpabilité dont l'opinion publique, les réseaux sociaux ou les médias sont souvent le relais. Il est nécessairement difficile au juge de se départir de cette influence. Cela demande une rigueur et une exigence que certains n'ont pas ou n'ont pas envie d'avoir… Il nous faut alors rappeler, en tant qu'avocats, qu'aucune accusation lancée n'est jamais la preuve de rien et qu'accuser sur des réseaux sociaux ou dans la presse ne peut que conduire vers un tribunal de l'opinion publique, ce qui serait contraire à notre État de droit. Je dénonce, par exemple, les excès de l'après #MeToo où la présomption de culpabilité prend malheureusement le pas sur la présomption d'innocence dans une forme de judiciarisation du fait-divers…

Étant trop attaché à notre droit, j'ai peur du basculement vers l'arbitraire.

Il s'avère évidemment nécessaire que les juges se préservent de cette médiatisation.

Si toutes les vérités doivent s'exprimer en démocratie, seule la vérité judiciaire doit s'imposer aux autres, car elle est la seule garantie du respect des règles.

4) Vous êtes reconnu pour être un spécialiste de procédure pénale ; en quoi cela est-il important dans un procès ?

J'ai toujours été passionné par la procédure pénale. J'ai eu la chance, après ma prestation de serment, d'intégrer le cabinet de maître Yves Sauvayre dont l'activité était essentiellement consacrée au pénal.

Les dossiers que nous avons été amenés à traiter ensemble m'ont permis de faire mes premières armes et de commencer à mettre en pratique mes connaissances juridiques. À cette époque, qui ne remonte pas non plus à la préhistoire judiciaire, les perspectives offertes aux avocats de la défense pour soulever des irrégularités procédurales étaient extrêmement limitées et ne permettaient que peu souvent d'obtenir des résultats significatifs. Au fil des années, la codification s'est densifiée à l'aune notamment de l'évolution de la jurisprudence européenne. Les multiples nouvelles techniques d'enquête qui, pour certaines d'entre elles, existaient déjà officieusement et s'exerçaient sans contrôle – je pense notamment aux systèmes de géolocalisation installés sur les véhicules dont les enquêteurs et les magistrats n'ont cessé d'affirmer durant des années qu'elles n'existaient que dans l'esprit pernicieux de certains avocats – ont été réglementées et obéissent désormais à des règles strictes s'agissant de leur mise en œuvre. Les textes sont foisonnants, plus techniques, parfois abscons, et les jurisprudences nationales et européennes sont en perpétuelle évolution.

Il ne peut désormais être envisageable pour un avocat pénaliste de se désintéresser de l'étude procédurale d'un dossier et de ne concentrer son énergie que sur une éventuelle audience à venir.

Les dossiers, notamment des juridictions spécialisées, sont construits de milliers de pièces comprenant quasi systématiquement des investigations techniques multiples, écoutes téléphoniques, géolocalisations, sonorisations, captations d'images ou de téléphones avec leurs applications… dont il convient évidemment de vérifier la régularité et le respect de la mise en œuvre.

Ce travail d'analyse et de rédaction, qui demande du temps et de l'énergie, s'avère passionnant et concerne également la problématique de la détention provisoire, puisque l'une des caractéristiques de notre mandat exige que nous mettions tout en œuvre pour obtenir la libération de notre client, dans le respect de la loi, en faisant parfois preuve de créativité.

L'on peut constater et déplorer que certains magistrats se confinent dans une logique visant à tout prix à sauver les procédures ou les détentions provisoires, en dépit d'irrégularités flagrantes et d'une jurisprudence favorable à la défense alors que d'autres, plus ouverts au débat procédural, n'hésitent pas à faire droit aux arguments soulevés avec rigueur et courage.

Il ne faut jamais oublier que les règles de procédure pénale constituent une garantie fondamentale pour le justiciable qu'elles doivent protéger, et que les juges demeurent les gardiens ultimes des libertés individuelles, ce que rappelle régulièrement la chambre criminelle de la Cour de cassation.

Par ailleurs, une tendance pernicieuse apparaît aujourd'hui chez certains magistrats qui sembleraient considérer que les avocats procéduriers seraient prêts à tout et à se montrer parfois déloyaux pour obtenir gain de cause. Finalement, il faudrait que nous évitions aux juges de commettre des erreurs !

Nous ne créons pas la loi, nous nous efforçons de nous en servir de la manière la plus efficace dans le respect du mandat que le client nous a confié ; ne pas tout tenter dans le respect de la loi et dans l'intérêt de celui qui nous fait confiance serait trahir ce lien indéfectible…

5) Pouvez-vous nous faire part de votre souvenir d'audience le plus marquant ?

Il m'est sincèrement impossible d'extraire un souvenir unique de ces années où les audiences ont défilé devant des juridictions correctionnelles ou criminelles.

Tellement d'images se rappellent à mon souvenir…

Il peut s'agir des pleurs d'un accusé ou d'une étreinte avec lui après un acquittement, quand vous êtes tous les deux submergés par l'émotion et le soulagement.

Cela peut être le regard de parents qui se tiennent la main durant tout le procès alors que la configuration de la salle d'audience des assises les a placés en face des bancs de la défense et que vous défendez celui qui est accusé d'avoir ôté la vie à leur enfant. Je pense aussi à des réquisitoires exceptionnellement brillants d'avocats généraux, pétris de talent, ou, à l'inverse, à des salmigondis insupportables jetés dans le prétoire en contradiction avec des débats auxquels j'ai pu avoir l'impression qu'ils n'avaient pas assisté.

Cela peut être une ou un exceptionnel président d'assises qui mène les débats avec une intelligence vive, qui laisse avec impartialité la place à toutes les parties au procès pour s'exprimer totalement et qui conduit les différents interrogatoires, notamment des parties civiles, des témoins et des accusés, avec finesse et humanité, ce que j'ai encore connu récemment à Annecy, à Dijon et à Besançon…

Cela peut être à l'inverse des débats menés avec un mépris constant et affiché des règles intangibles du procès criminel, et notamment de l'exigence d'impartialité, avec le sentiment d'être passé à côté de moments d'audience qui auraient pu être essentiels à la parole qu'on sentait l'accusé prêt à livrer, tant la manière de l'interroger était pathétique et insignifiante.

Si je devais évoquer l'un des souvenirs d'audience qui m'a marqué, alors il s'agirait d'un dossier criminel à la trajectoire et à l'issue improbables.

Je défendais devant la cour d'assises de la Loire l'un de deux accusés à qui l'on reprochait un vol à main armée commis par deux auteurs. Les charges étaient minces. Deux empreintes génétiques inconnues avaient été identifiées comme celles impliquant manifestement les deux auteurs du crime. Elles n'appartenaient ni à l'un ni à l'autre des accusés. J'ai évidemment tout mis en œuvre pour que la cour d'assises retienne à tout le moins l'existence d'un doute. Je n'y suis pas parvenu. Les débats avaient pourtant été dirigés par un grand président d'assises, malheureusement décédé depuis, dont l'intelligence et l'humanité étaient connues de tous les acteurs judiciaires. Durant le délibéré, le procureur du tribunal qui avait soutenu l'accusation me confia qu'il pensait que mon client serait condamné, mais que les débats et cette incertitude génétique l'avaient laissé songeur et mis mal à l'aise sur la culpabilité.

Il m'affirma ouvrir, dès le lendemain d'un verdict qu'il pensait sans surprise, une enquête préliminaire visant à explorer d'autres pistes et à comparer à nouveau les empreintes génétiques inconnues au fichier national des empreintes génétiques (FNAEG) qui s'était étoffé depuis. Une lourde peine criminelle fut prononcée à l'encontre des deux accusés. La promesse fut tenue et, le jour suivant le verdict, le procureur ouvrit effectivement cette enquête qui permit d'établir une concordance entre ces traces génétiques et deux hommes qui n'avaient pas suscité l'intérêt des enquêteurs et qui avaient été fichés depuis. Ces deux suspects furent mis en examen, traduits devant la cour d'assises et acquittés.

Le procureur général forma appel de ces acquittements.

Quatre accusés comparurent donc en appel devant la cour d'assises de l'Ain pour un crime commis par deux auteurs !

En appel à Bourg-en-Bresse, la vérité judiciaire fut bouleversée puisque les condamnés en première instance, dont mon client, furent acquittés alors que les acquittés identifiés par les rapprochements génétiques, mais également par d'autres investigations réalisées durant la nouvelle enquête, furent condamnés.

Je pense qu'en l'occurrence, la vérité judiciaire n'avait pas à rougir de la réalité.

Il a fallu peu de choses pour que deux innocents, incarcérés provisoirement durant des années au mépris de la présomption d'innocence, soient injustement condamnés. Il a surtout fallu que se produise l'intervention d'un magistrat du parquet, d'une rare honnêteté intellectuelle, qui a eu le courage de se remettre en question et de revenir sur les réquisitions de culpabilité qu'il avait développées à l'audience.

Tous n'auraient pas agi ainsi.

Chapitre 7

L’affaire de Gontrand : Protéger les hommes des femmes

Préambule à l’affaire :

Je sais. Je n’ai pas le droit d’écrire ce titre. Je n’ai pas le droit moral de dire cela : « Protéger les hommes des femmes ». Dans notre société, les prédateurs, ce sont toujours les hommes, et les victimes toujours les femmes. D’ailleurs, personne n’oserait émettre l’idée que, peut-être, Gérard Depardieu serait victime de dénonciations calomnieuses. Voilà, de nos jours, ce qu’il faudrait écrire pour être invité chez Léa Salamé : « Gérard Depardieu est un salaud, #MeeToo a révolutionné la société patriarcale et ce n’est que le début, etc. »

Tant pis, ou tant mieux d’ailleurs ! J’assume tous mes mots dans une logique très claire, je suis pour l’égalité de traitement judiciaire (et social) entre les hommes et les femmes, la loi doit être la même pour tous. Pourtant, cette égalité n’existe pas devant la justice (ou que très rarement), ce n’est pas une lubie que j’ai eue comme ça, c’est le fruit de ma pratique judiciaire qui me permet de l’affirmer en toute connaissance de cause.

Avant d'aborder cette tentative d'assassinat très particulière, je veux juste, à titre d'exemple, faire part au lecteur d'une audience qui s'est déroulée cette année devant le tribunal correctionnel de Montbéliard. Une femme d'une cinquantaine d'années comparaissait pour avoir violemment frappé son compagnon, notamment avec un tube de manche d'aspirateur sur la tête, lui occasionnant des blessures significatives. Son compagnon était donc la victime de cette femme.

J'assiste en spectateur (attentif) à cette affaire puisque j'ai un dossier qui doit passer juste après. Mais cela m'intéresse de voir comment va être traité ce dossier en présence d'ailleurs de la presse régionale, en l'occurrence *L'Est Républicain*. La présidente du tribunal instruit l'affaire, la femme prévenue confirme qu'elle était alcoolisée et qu'elle a frappé son compagnon, que ce n'est pas la première fois et que pour régler le problème, ils ont enfin décidé de se séparer, le temps pour son compagnon de trouver un logement. La présidente interpelle alors l'homme qui est victime :

– Mais, Monsieur, votre femme a l'air très lucide sur votre relation qui apparaît comme toxique. Vous ne trouvez pas que vous avez une responsabilité dans ce qui s'est passé ?

L'homme s'étonne et s'offusque, non aucune, car pour lui quand ils ont trop bu, ils « s'engueulent », c'est vrai, mais lui ne la frappe pas. La présidente lui fait remarquer, sans aucun ménagement, que si elle commet ces violences, c'est aussi à cause de son comportement à lui et qu'il va falloir qu'il change son attitude à l'avenir avec ses compagnes car ce qui lui arrive est en partie de sa faute et, en passant, de féliciter la prévenue pour sa décision de se séparer et d'aller voir un psychologue pour sortir de cette relation toxique. Le tribunal prononce une peine très légère contre elle, assortie d'un sursis simple, et voilà notre futur ex-couple qui repart chez eux régler entre eux leurs problèmes conjugaux sans que personne ne voie rien à redire à cette audience. Et pourtant…

Si l'on inversait les données et que ce soit l'homme qui avait frappé sa compagne parce qu'elle l'insultait, que se serait-il passé ?

D'abord, aucun magistrat n'aurait osé dire à une femme victime que si elle avait été frappée, c'était à cause de son comportement et des insultes qu'elle aurait fait subir à son compagnon. La remarque aurait été très claire et constante, d'ailleurs, dans les tribunaux on aurait immédiatement rappelé à l'homme prévenu que, peu importent les mots utilisés, rien ne justifie les violences qu'il a fait subir.

Bref, le comportement de la compagne victime aurait été mis de côté au maximum, sans aucun jugement sur ce dernier. Ensuite, on aurait opté pour une procédure très différente de la simple convocation devant le tribunal. Aujourd'hui, quand un homme est impliqué dans ce type de fait, c'est une comparution immédiate ou une comparution sur reconnaissance de culpabilité à délai différé, notamment pour imposer à l'homme violent un contrôle judiciaire avec habituellement les obligations suivantes : ne pas entrer en contact avec la victime (donc, si elle est au domicile commun, changer de lieu de résidence), suivre des soins auprès d'un professionnel (en général, un psychologue), ne pas fréquenter certains endroits pour ne pas croiser la victime et autoriser, via les avocats, les rapports pour les contingences matérielles et la gestion des enfants. Parfois, c'est la détention.

Voilà ce qui se passe pour un homme violent, mais pas pour une femme violente. Elle a l'écoute de la justice, de la société, et le compagnon victime prend en réalité très souvent la place du prévenu d'un point de vue moral.

On peut effectivement parler de sexisme judiciaire, dont la presse ne se fait quasiment jamais l'écho, mais qui est pourtant réel. La justice pénale est (beaucoup) plus clémente avec les femmes qu'avec les hommes pour des faits équivalents et c'est profondément injuste, voire, j'ose l'écrire : « immoral » !

L'affaire de Gontrand

Le 4 juin 2012, les services hospitaliers de Besançon appellent la gendarmerie, ils ont un homme dans leurs services qui a été blessé par balle. Il a trois blessures différentes situées au niveau du dos. Immédiatement, les gendarmes se rendent à l'hôpital et entendent Gontrand dès qu'il est en état de leur parler. Les gendarmes ne s'attendent pas du tout à ses révélations, mais manifestement, on lui a tiré plusieurs fois dans le dos et sans doute chez lui, mais il n'a aucune idée de qui peut être le tireur !

Passée cette première audition, et après avoir discuté avec son frère et un de ses fils, le lendemain des faits, toujours hospitalisé, il précise aux gendarmes qu'en réalité, c'est sa compagne Virginie qui lui a tiré dessus à leur domicile. Il est en d'autant plus convaincu que son fils vient de lui apprendre que sa mère possédait à la maison une arme de poing, un revolver, ce qu'il ne savait pas. Il explique toute la scène, à peine croyable, qu'il a vécue. Il dormait tranquillement quand, vers 9 h du matin, il a entendu une détonation qui l'a réveillé, accompagnée d'une douleur au niveau de l'omoplate droite, le tout accompagné d'une très forte odeur de poudre. Au début, il n'a pas fait de lien en raison de douleurs habituelles très violentes qu'il subit au niveau des cervicales et, aussi incroyable que cela puisse paraître, il n'imagine pas une seule seconde que c'est sa femme l'auteur du tir. Il s'est levé et a pris son fusil qu'il a chargé en présence de Virginie qui tentait de le calmer. Il a fait le tour de la maison, personne. Il a rangé son arme et s'est rendu compte que du sang coulait de son dos. Il a demandé à Virginie d'appeler les secours, ce que cette dernière a semblé avoir fait.

Gontrand, sous le choc et affaibli pas sa blessure, s'est allongé sur le côté dans son lit. Il a attendu les secours. Les minutes ont passé et toujours personne. Il s'est levé et est allé dans la salle de bains pour se passer de l'eau sur le visage et, là, une seconde détonation et une nouvelle douleur, mais cette fois à la nuque. Il a vacillé et a vu sa compagne, la main droite dans son dos, s'approcher de lui. Elle lui a mis de l'eau froide sur la nuque. « On m'a tiré dessus, j'en suis sûr ! », a-t-il dit. Virginie lui a assuré qu'il n'y avait personne et qu'elle n'avait rien entendu. Dans un état second, il a été conduit par Virginie sur le lit où elle l'a rassuré en lui expliquant qu'elle avait appelé les secours et qu'ils allaient arriver.

Vers 11 h 30, toujours personne. Gontrand était inconscient sur le lit. Virginie est partie chercher les enfants à l'école, comme si de rien n'était. Elle les a fait manger et les a ramenés à l'école vers 13 h 15. Lorsqu'elle est rentrée, Gontrand avait un peu repris ses esprits, il s'est étonné de ne pas voir les secours et Virginie lui a annoncé qu'en fait, c'était un ami à eux, Régis, qui allait venir le chercher pour l'emmener à l'hôpital. Régis est arrivé vers 13 h 30, on a chargé comme on a pu le pauvre Gontrand à la place du passager avant, et tout ce petit monde est parti tranquillement à l'hôpital dans la voiture conduite par Régis. Sur le chemin, une troisième détonation a retenti depuis l'arrière du véhicule où se trouvait Virginie. Régis est intervenu : « Ça suffit, je ne veux pas être mêlé à ça. » La voiture a effectué alors un demi-tour pour aller chez Régis. Gontrand est resté dans la voiture, en état de sidération. Virginie est partie avec Régis chez lui où ils sont restés environ une quinzaine de minutes. Elle est revenue seule et a amené Gontrand, enfin, à l'hôpital. Elle l'a déposé aux urgences à 16 h, Gontrand a marché comme il a pu jusqu'à l'accueil où l'on a compris immédiatement qu'il était dans un état grave.

Virginie, elle, est repartie chercher les enfants à l'école, comme si de rien n'était, sans jamais s'inquiéter de la santé de Gontrand. Naturellement, vu les blessures du patient, les médecins ont contacté les gendarmes, l'enquête peut commencer et ils se rendent le jour même à l'hôpital pour voir la victime.

Après l'audition de Gontrand, les gendarmes sont venus interpeller Virginie. Ils ont découvert un fusil de chasse et des cartouches, mais pas d'arme de poing, or ils savaient par Gontrand, ce qui leur a aussi été confirmé par l'un des fils de Gontrand et Virginie, qu'elle possédait un revolver qui lui avait été donné par son père quelque temps auparavant. L'arme a disparu. Il faudra trois auditions durant sa garde à vue pour qu'elle reconnaisse les faits tels que les a racontés Gontrand. Il est vrai que les gendarmes avaient bien du mal à croire à son histoire, mais tout est rigoureusement vrai.

Virginie est présentée à un juge d'instruction après sa garde à vue et elle confirme qu'elle a non seulement tenté de le tuer mais qu'elle l'avait prévu depuis un bon moment.

Pourquoi ? C'est la question. Le mobile est toujours important dans ces affaires-là, surtout pour le procès à venir. On essaie toujours de comprendre ce qui a amené un homme ou une femme à tuer ou tenter de tuer son compagnon ou sa compagne.

Virginie affirme que Gontrand est un homme violent, qu'elle a peur de lui depuis des années. Il la menace, menace ses parents, et elle est persuadée que si elle le quitte, il la tuera et tuera ses parents. (C'est ce qu'elle affirme.) Alors, la veille des faits, elle a pris la décision de le tuer parce qu'il y a eu une nouvelle dispute, cette fois-ci concernant l'éducation des enfants. Elle explique que la décision finale a été prise le jour des faits, le matin avant d'emmener les enfants à l'école vers 8 h 30. L'arme était cachée dans un des placards de la cuisine et, en rentrant… elle a pris l'arme, placé un coussin devant le canon puis est entrée dans la chambre à coucher et s'est couchée à côté de lui qui était encore endormi. Là, à vingt centimètres de sa tête, elle a tiré. Elle a raconté la même chose que Gontrand sur la suite des événements : le fusil, la recherche de quelqu'un dans la maison… Oui, elle l'a rassuré et a fait semblant d'appeler les secours. Vers 10 h, le deuxième coup de feu. Elle a dû calmer Gontrand qui ne comprenait pas du tout ce qui lui arrivait, lui a passé de l'eau sur les épaules et l'a aidé à se recoucher, complètement groggy. Elle est partie chercher les enfants le plus naturellement du monde, a préparé le déjeuner, et retour à l'école. En revenant chez eux, elle n'a pu que constater que Gontrand avait la vie dure, il était toujours vivant et elle a décidé d'appeler son ami Régis pour qu'il vienne chez eux.

Régis a constaté les blessures de Gontrand, mais n'est pas parvenu à obtenir la moindre explication de Virginie quant à ces blessures. Ils sont donc partis ensemble à l'hôpital quand soudain, en roulant, il y a eu un troisième tir. Régis a arrêté le véhicule, ne voulant pas être mêlé à ça, et Virginie l'a ramené chez lui, non sans lui avoir confié l'arme du crime. Lucide Virginie !

Encore plus lucide quand elle découpera une partie de la mousse du fauteuil passager avant de la voiture pour récupérer l'ogive de la balle qui s'était logée dans le fauteuil, mais là, elle avait demandé à sa sœur de se débarrasser du sac-poubelle dans lequel elle avait placé ces éléments.

Voilà l'histoire. L'enquête va démontrer tout d'abord que Virginie avait bien en sa possession une arme de poing et que, le jour des faits commis sur Gontrand, elle n'a jamais appelé les secours, mais elle a au contraire jusqu'au bout, y compris dans la voiture qui conduisait son compagnon à l'hôpital, tenté de le tuer. Et malgré cet acharnement, il a survécu !

Les enquêteurs vont également apprendre que Régis a lui aussi fourni à Virginie un pistolet, un 22 long rifle, un an avant les faits, mais elle ne lui a pas dit pourquoi elle voulait cette arme. C'est la sœur de Virginie qui, dès le lendemain des faits, et à sa demande, a tout jeté dans une rivière, dans un sac avec tous les autres éléments récupérés dans la voiture. Une arme de calibre 22 LR de marque Reck sera retrouvée dans cette rivière, impossible de savoir si c'est l'arme utilisée par Virginie ou pas, sachant que Virginie ne reconnaîtra jamais cette arme comme étant celle qu'elle avait utilisée. Quant à Régis, on se rend compte que juste après avoir été déposé par Virginie après le troisième coup de feu survenu dans sa voiture, il a appelé les gendarmes près de chez lui pour les prévenir qu'un homme blessé par balle était en route pour l'hôpital dans sa voiture, conduite par la compagne de cet homme.

Ceci confirme que Virginie n'avait pas de complice, elle a tout fait et tout pensé seule.

D'un point de vue technique, la balistique ne donnera rien, Gontrand conservera ses projectiles *in corpore* sans accepter de faire les examens nécessaires ni pour la balistique ni pour la médecine légale. Tout ce qu'on obtiendra, ce sera le certificat médical initial de l'hôpital et l'examen concomitant du médecin légiste. Après, plus rien sur l'évolution de Gontrand. Le légiste a constaté deux plaies entrantes de projectiles par arme à feu, mais sans sortie, typique du 22 LR (à la différence du 9 mm parabellum qui traverse le corps). Son ITT avait été fixée à 15 jours et aucun organe vital, par une chance inouïe, n'avait été touché.

Virginie est donc renvoyée aux assises pour des faits de tentative d'assassinat, et sa sœur pour recel et destruction d'objets ayant servi à commettre un crime (un délit).

Le procès va d'abord dépeindre les personnalités de l'accusée et de la victime, puisque les faits sont reconnus.

Tout d'abord, malgré une volonté réitérée de tuer, Virginie a comparu libre devant la cour d'assises. Elle n'aura été détenue que cinq mois pour ces faits criminels. C'est sidérant quand on compare le traitement d'un homme qui, dans les mêmes conditions, aurait tiré à trois reprises sur sa compagne. Il est absolument certain qu'un homme qui aurait commis cet acte, ce qu'a fait Virginie, aurait comparu détenu devant la cour d'assises. (On ne remet pas facilement en liberté un homme qui a tiré à trois reprises sur sa compagne avec l'intention univoque de la tuer !) Sexisme judiciaire, oui, c'est évident. Les femmes sont traitées beaucoup moins sévèrement que les hommes dans des affaires criminelles de gravité équivalente. En l'espèce, c'est une mère de famille, elle ne travaille pas et élève les trois enfants qu'elle a eus avec Gontrand. Au moment des faits, ils sont respectivement âgés de six, neuf et douze ans. Véronique, elle, est âgée de vingt-neuf ans et Gontrand en a trente-six. Ils se sont mis ensemble quand elle avait quinze ans et elle a arrêté ses études de coiffeuse. Leur vie de couple a été émaillée par les nombreuses incarcérations de Gontrand qui a pour habitude de s'illustrer dans le vol. Mais ce qui apparaît aussi de façon sérieuse, c'est qu'il n'a jamais été mis en cause pour des faits de violences conjugales et jamais été condamné non plus pour violences.

Il faut comprendre que, dans ce type d'affaire, on ressort tout sur le couple, y compris la moindre intervention des gendarmes pour ce qu'on appelle un différend familial. Et dans ce cas d'espèce, on n'a rien trouvé les concernant. Il n'y a que Virginie, et naturellement sa sœur et ses parents, qui parlent de violences et de menaces commises par Gontrand, mais en réalité, tout ça ressemble fortement à une posture. Il est à noter que lors de sa garde à vue, aucune trace de coups ou autre n'a été révélée sur Virginie.

Virginie a très bien compris ce qu'elle devait faire pour s'en sortir au mieux. Non, elle n'a pas voulu tuer son compagnon pour se séparer de lui ou parce qu'elle avait un amant, elle est une victime de violence conjugale, ce qui lui donnerait presque tous les droits, y compris celui de tuer.

J'assiste Gontrand, qui est la victime dans cette affaire, mais c'est lui qui comparaît détenu car, à l'époque, il était incarcéré pour une affaire de vol. Pas de violences, mais en termes d'image cela compte, et la présidente de la cour d'assises ne va pas se gêner pour le rappeler et le faire parler de ses nombreux antécédents judiciaires non sans un certain plaisir, naturellement, pour mieux le discréditer en tant que victime.

Gontrand va adopter une position très claire durant le procès, ne pas accabler son ex-compagne dans le seul et unique intérêt de leurs enfants communs. Virginie n'aura qu'une seule ligne, accabler au maximum Gontrand pour se faire passer pour la victime de l'affaire.

C'est sûrement la seule fois de ma vie professionnelle où je n'ai pas pu travailler comme j'en avais envie et où j'ai dû laisser salir Gontrand pour que Virginie s'en sorte le mieux possible. Mais quand j'ai interrogé les témoins des violences conjugales, eh bien, en réalité, ils n'en avaient jamais vu, mais juste entendu parler. Les menaces, oui, il y en avait eu. Lesquelles ? On ne savait plus très bien. Peu importe, l'accusée est une femme, elle dit qu'elle est victime de violence et de menaces et on doit obligatoirement la croire, c'est tout, et cela justifierait presque son geste !

Cette ligne de défense ne gêne personne, ni l'avocat général, ni la présidente de la cour d'assises, ni la presse. À l'inverse, si Gontrand avait été l'accusé, jamais on n'aurait pu se permettre une telle défense sans être conspué et agoni d'injures jusque dans la presse. Le sexisme judiciaire est apparu au paroxysme dans cette affaire, et c'est honteux.

Le clou du procès, ce seront les experts psychiatre et psychologue qui vont se transformer en avocats de la défense de la pauvre femme qui a tiré trois fois dans le dos de son compagnon, rien que ça. Mais tirer trois fois à balles réelles sur un homme dans le dessein de le tuer, ce n'est pas très grave en réalité quand il suffit d'affirmer qu'on est une femme victime de la violence de cet homme, même si ce n'est pas vrai !

C'est l'expert psychiatre qui ouvre le bal. Il dépose à la barre et explique ses travaux et ses conclusions aux jurés, qu'on peut résumer ainsi : pour lui, il ne relève aucune anomalie mentale ou psychique et considère qu'il n'y a ni altération ni abolition du discernement au moment du passage à l'acte, c'est-à-dire au moment de la décision de tuer (préméditation), jusqu'au passage à l'acte (les trois tirs). Normalement, son travail s'arrête là, à son domaine d'expertise, la psychiatrie. Mais là, non ! L'expert psychiatre s'est transformé en psychologue pour aider l'accusée (après tout, elle a crié à qui voulait l'entendre qu'elle était une victime). Il mentionne alors un contexte psychologique d'usure psychique et de stress répété, lié aux menaces et violences physiques exercées par son compagnon. Pour l'expert, elle « baignait dans un climat de stress psychique important au moment des faits. » Il ajoute que l'usure « extrême » dans laquelle elle se trouvait a pu contribuer à faire naître et cristalliser en elle l'idée d'homicide. Après une période de fermentation psychique préalable qui a abouti à la décision irrévocable de tuer, ses facultés de jugement ont été momentanément suspendues ou occultées au service du passage à l'acte criminel. Elle ne présente, naturellement, après avoir tiré à trois reprises dans le dos de son compagnon, aucune dangerosité sociale.

Voilà comment un expert psychiatre fait ce qu'il y a, à mon sens, de plus anormal, voire immoral. Il s'est transformé en psychologue et a affirmé dans son analyse psychologique, qui ne relève en aucun cas de sa compétence, que l'auteur des faits n'avait pas d'abolition de son discernement au sens psychiatrique mais en avait une au sens psychologique, lorsqu'il déclare que « ses facultés de jugement ont été momentanément suspendues » ! Qu'on se rassure, quand un homme tue sa compagne, même si elle est violente ou menaçante avec lui, ce type de raisonnement purement sexiste n'existe jamais. On ne les accepterait pas comme système de défense pour un homme en cour d'assises, sauf pour une femme accusée.

Je rappelle qu'il n'y aura jamais aucune preuve apportée durant tout le procès des violences soi-disant subies par l'accusée, et il y a là aussi une grande inégalité entre les hommes et les femmes car lorsqu'un homme accusé affirme avoir subi des violences de sa compagne, c'est immédiatement remis en cause par tout le monde, avocat général, avocat des parties civiles, président de la cour d'assises, experts psychiatres et psychologues, c'est ce que j'ai constaté dans ma pratique professionnelle des cours d'assises, et l'exemple présent est symptomatique.

Enfin, pour clore les débats avant que l'accusée ne s'exprime une dernière fois sur les faits, est arrivée l'experte psychologue. Alors là, c'est un véritable détecteur de mensonges. Elle est convaincue que l'accusée a subi des violences. Pourquoi ? Son expérience des victimes de violence. Elle parle pareil, elle raisonne pareil, c'est certain, il n'y a aucun doute.

Le problème, c'est qu'aucun expert, quelle que soit son expérience d'ailleurs, ne peut savoir lorsque quelqu'un ment ou dit la vérité. Ceux qui prétendent le contraire sont des charlatans. Ce type d'expert qui a heureusement tendance à disparaître dans les cours d'assises s'arroge des pouvoirs qui relèvent de la voyance ou de la magie. Rien d'autre. Aujourd'hui, la plupart des experts ont l'honnêteté de reconnaître qu'ils ne sont aucunement habilités à détecter le mensonge.

Cette experte n'en a cure et on va avoir droit à tous les lieux communs en la matière qui donnent furieusement envie de se boucher les oreilles.

– Le cycle de la violence est initié précocement et Aurélie subit la violence et les humiliations. Elle devient victime d'une relation d'emprise et de contrôle. [Ça y est, l'emprise est là, c'est tendance et ça paye !] Un ultime épisode de violence verbale et gestuelle a favorisé le passage à l'acte criminel.

La justification de l'acte criminel ne tarde pas à arriver :

– Elle agresse parce qu'elle est démunie devant son conjoint tout-puissant, menaçant, dangereux pour elle et ses enfants.

Et de conclure qu'elle a besoin d'une aide psychologique pour sortir du cycle de la violence et de l'emprise.

Il faut quand même préciser qu'au-delà de prendre pour argent comptant tout ce que lui dit l'accusée, Gontrand n'a jamais été décrit comme violent par ses enfants. Lorsque sa femme lui a tiré dessus la première fois, il était alité en raison de douleurs aux cervicales et il dormait ! Rien n'a jamais permis d'objectiver les violences alléguées par Aurélie dans cette affaire.

L'accusée sous emprise (notion magique qui permet d'expliquer tous les comportements inexplicables ou impossibles à cautionner de certaines femmes) ne l'empêche ni de se procurer des armes, bien à l'avance, ni de faire semblant d'appeler les secours, ni de tenter une dernière fois dans la voiture, pourtant conduite par un ami, de tirer une troisième fois sur son compagnon. La pauvre Aurélie, sous l'emprise du méchant Gontrand, a quand même eu la lucidité de se débarrasser de son arme et de nettoyer le véhicule en enlevant les éléments permettant de prouver l'existence d'un tir. Et c'est encore cette pauvre femme sous emprise qui, tranquillement, laisse son compagnon blessé devant la porte des urgences et retourne tranquillement chercher ses enfants à l'école en préparant sa version dans l'attente des gendarmes.

Jamais des experts n'oseraient écrire la même chose pour un homme, même si la situation de violences physiques et morales était avérée. J'ai posé un jour à cette même experte une question à l'occasion d'un procès où la notion d'emprise était centrale et où elle affirmait qu'une femme avait été violée et qu'étant sous emprise de son compagnon, elle ne pouvait pas y avoir de consentement.

– Et est-ce qu'un homme peut être sous l'emprise d'une femme ?

Je l'avais vue vaciller. Je pouvais lire dans ses pensées, quelle drôle de question, on ne parle d'emprise que pour les femmes, pas pour les hommes. Elle a réfléchi et m'a répondu :

– Dans l'absolu oui, pourquoi pas.

Je lui ai alors demandé :

– Mais alors, quand un homme est sous emprise et qu'il a une relation sexuelle avec la femme qui exerce cette emprise sur lui, est-il victime de viol ?

Elle n'a pas répondu à cette dernière question.

La cour d'assises a condamné Aurélie à deux années de prison ferme et a ordonné qu'elle soit placée sous bracelet électronique, lui évitant ainsi un retour en prison. Cinq mois de prison exécutés en réalité pour avoir tenté de tuer son compagnon avec préméditation… Il serait vraiment temps de traiter les femmes accusées comme on traite les hommes accusés en matière pénale, et de lutter contre cette idée issue d'une certaine morale sociale qui voudrait que l'homme soit toujours le violent, et la femme toujours la victime, même quand elle est coupable. Il faut rappeler l'importance de la notion d'homicide qui est asexuée. Et cette fausse notion de droit, le « féminicide », que l'on essaie d'imposer à la société et qui n'existe bien évidemment pas, contribue à genrer le meurtre et à véhiculer cette morale inégalitaire, pour protéger de la même manière les femmes des hommes criminels et aussi les hommes des femmes criminelles, ce qui n'est pas le cas aujourd'hui.

Ce qu'il y a de honteux dans la morale d'aujourd'hui, c'est que lorsqu'une femme tue ou tente de tuer son compagnon, on a le droit d'agonir d'injures la victime homme, même de dire ce qui ne repose sur aucune preuve. Celles et ceux qui crient au scandale quand, lorsqu'on défend un homme, on ose analyser le comportement de la victime femme sont les mêmes qui applaudissent lorsqu'une femme tue son compagnon et que l'on fait l'analyse à charge de son comportement. Voilà pourquoi je ne les écoute pas, voilà pourquoi le discours genré d'aujourd'hui concernant les « féminicides » est non seulement toxique mais surtout injuste et inégal entre les droits de la défense des hommes et les droits de la défense des femmes.

Interview de Thomas Bidnic, avocat au barreau de Paris, pénaliste

1) Présentez-vous, Thomas Bidnic.

Je suis avocat pénaliste au barreau de Paris depuis 1995. J'ai véritablement découvert la profession d'avocat de manière fortuite durant ma formation à Sciences Po, après avoir lu *L'exécution* de Robert Badinter, livre qui m'a fait prendre conscience que l'on défendait aussi bien, si ce n'est mieux, l'intérêt de la société en défendant un intérêt particulier, contrairement à l'enseignement délivré par des conseillers d'État, certes brillants mais totalement formatés, qui nous expliquaient que l'avocat ne défend que les intérêts particuliers alors que le juge administratif est lui seul en charge de l'« intérêt général ». Cela m'était apparu suspect car ils revendiquaient la particularité d'être à la fois juge de l'Administration et conseil de l'Administration (le Conseil d'État jouant le rôle de conseil du gouvernement qui dirige ladite Administration, mais imaginerait-on, par exemple, un juge de trafiquants de stupéfiants tirant son efficacité des conseils qu'il leur prodiguerait ?). À mes yeux, le droit pénal, c'est du droit public parce que le critère du droit public est la prérogative de puissance publique, or il n'y a pire prérogative que celle qui consiste, par exemple, à infliger une peine d'enfermement (de couper les têtes il n'y a pas si longtemps). J'ai choisi d'être avocat exclusivement en défense car je suis obsédé par le danger que représente l'État – sans lui être hostile par principe, en lui étant favorable même – à qui l'on a confié le monopole de la puissance légitime. Je rappelle constamment que dans « monopole de la puissance légitime », il y a « légitime » et que cette légitimité passe d'abord par le respect de la loi. Quand on a pour mission de faire respecter la loi, on commence par se l'appliquer à soi-même.

En audience, il m'arrive de citer *1984*, de George Orwell, particulièrement le passage relatif à la « stupidité protectrice », c'est-à-dire ce mélange difficilement définissable de bêtise et de soumission délibérées qui caractérise le comportement de certains magistrats, pas tous, tant s'en faut.

On me dit opiniâtre, et je ne crains pas d'affronter les magistrats sur le droit (comme l'impose la loi).

La courtoisie à laquelle il m'est parfois reproché de manquer, n'est concevable qu'entre des gens qui appliquent fondamentalement les mêmes règles. Lorsqu'on exerce le monopole d'une violence illégitime, la courtoisie devient dérisoire. Ce cas de figure, trop fréquent, est d'une violence dont peu de gens, je crois, ont conscience. À partir du moment où un magistrat viole une règle fondamentale de droit, c'est lui qui est violent, inacceptablement violent. La défense que je pratique n'est pas une défense de rupture, en réalité, ni de connivence, bien sûr, mais au contraire vise à rappeler les juges au respect de la loi.

2) Vous êtes l'un des avocats français les plus réputés en procédure pénale ; en quoi consistent vos interventions ?

La procédure pénale fait partie de la panoplie de l'avocat et il faut s'efforcer de la maîtriser. Lorsque l'on est avocat de la défense, on est un peu dans la situation du gardien de but au moment du penalty et la procédure pénale peut permettre de prendre l'initiative et, à notre tour, de « tirer des penaltys ». La meilleure défense, c'est l'attaque, en quelque sorte, et la procédure pénale est une façon de prendre l'offensive. Il s'agit alors d'articuler un intérêt particulier – c'est mon serment – sur un intérêt général. J'agis, dès que la loi le permet, notamment en déposant des requêtes en annulation ou des conclusions. Cela consiste à beaucoup écrire avant de parler. Ainsi, on oblige le juge à répondre alors que les arguments limités au fond ne sont pas des arguments auxquels le juge a juridiquement l'obligation de répondre. Ainsi, même si vous démontrez que Tartempion était à cent kilomètres du lieu du crime qu'on lui reproche, et qu'il est néanmoins condamné dans l'ignorance de cet argument, aucune sanction ne serait encourue au nom « de la souveraineté du juge », concept bien commode qui permet trop souvent l'exercice d'une irresponsabilité pure et simple.

3) Pensez-vous que les juridictions pénales sont sensibles à la (ou les) morale(s) ? Pensez-vous que la morale est plus présente aujourd'hui dans les cours d'assises ?

J'ai le sentiment qu'elle prend de plus en plus de place, mais trop souvent au détriment du droit. La loi ne peut pas être étrangère à la morale. La loi fixe des règles générales imposées à tous dans le respect fondamental du principe fondamental d'égalité, alors que la morale, elle, est davantage soumise à la subjectivité. Pour résumer, je pense que le droit sans morale est une sale manie, que la violation du droit est par définition immorale. Par exemple, si des flics arrêtent au hasard un « Arabe » sur les Champs-Élysées seulement parce qu'il est « arabe », et que l'on trouve sur lui une arme, eh bien, si l'avocat fait correctement son métier, il va faire annuler la procédure, ce qui conduira donc à l'impunité du coupable. Contrairement au point de vue défendu par certains, l'intérêt de la société aura ainsi été préservé, parce qu'il est plus grave de tolérer le racisme dans la police – dans cet exemple – que de laisser courir un délinquant lambda. L'État n'a pas le droit de faire n'importe quoi, la fin ne justifie pas tous les moyens ; évidence qui est aujourd'hui « oubliée » par beaucoup de magistrats.

J'ai le sentiment que la morale est croissante dans les tribunaux, mais j'observe qu'il s'agit d'une petite morale car si on fait de la morale sans droit, c'est forcément petit. Et je constate parallèlement, tous les jours, une baisse délibérée, je dis bien délibérée, choisie, de la compétence juridique de trop de magistrats, en matière pénale en tout cas. Et si l'avocat peut parfois se réjouir de cette baisse de niveau, quand elle profite à son client bien sûr, le citoyen, lui, se désole.

Certains magistrats s'autorisent même des violations de la loi. Je pense que le plus petit des États qui manque à l'État de droit est plus dangereux que le pire des Pablo Escobar car un État qui décide de s'affranchir du droit, ça peut aller jusqu'à donner le 16 juillet 1942 (la rafle du Vel d'Hiv). Beaucoup de magistrats, mais pas tous, se conduisent comme des gens subordonnés alors que leur indépendance est au contraire essentielle. Par exemple, durant le Covid, une majorité a obéi à une simple circulaire du directeur de cabinet du ministre de la Justice qui, en toute illégalité, supprimait les débats contradictoires, de sorte qu'on a laissé des gens en prison alors que, lorsqu'il s'agit de la liberté d'un homme, on ne peut pas transiger. De par la Constitution, le rôle premier, pas le seul, de l'autorité judiciaire est d'être gardienne de la liberté individuelle et que nul ne peut être arbitrairement détenu. Rappeler cette évidence aujourd'hui, c'est souvent, hélas, être subversif…

4) Quelles évolutions législatives, selon vous, seraient nécessaires pour mieux assurer les droits de la défense des accusés ?

Je n'ai pas forcément d'idée, mais que l'on commence par respecter le droit tel qu'il existe. Les textes, dans l'ensemble, ne sont pas si mal faits que ça, mais trop souvent, ce qui compte, ce sont les personnes en charge de les appliquer. Personnellement, je pense que la cour d'assises n'est pas une bonne solution car, comme mon ami et confrère François Saint-Pierre, je crois que juger est un métier. Cela ne viendrait à l'idée de personne de dire : « C'est bien d'être chirurgien, directeur de centrale nucléaire ou médecin, tout citoyen devrait exercer cette profession une fois dans sa vie. » La cour d'assises n'est pas pour moi un bon système en soi parce que sa composition dépend beaucoup trop du hasard. Je dois vous dire que les juridictions les plus compétentes et indépendantes devant lesquelles j'ai plaidé sont des cours d'assises dites « spécialement composées », c'est-à-dire exclusivement composées de juges professionnels, comme quoi il faut savoir faire confiance aux juges. Nous n'avons pas le choix, de toute façon.

Chapitre 8

L'affaire Zepeda : Le mystère de la chambre 106 et de la disparition de Narumi Kurosaki. Lorsqu'une certaine morale mène au crime

J'ai déjà évoqué l'affaire de Narumi Kurosaki et de Nicolas Zepeda dans notre précédent livre paru chez Hugo Doc (*Itinéraire d'un avocat hors norme*) juste après le procès qui s'était tenu en première instance à la cour d'assises du Doubs en décembre 2023, durant 13 jours d'audience. Depuis ce dernier livre, l'appel a eu lieu à Vesoul, qui a vu la condamnation de Nicolas Zepeda confirmée à vingt-huit ans de réclusion criminelle après un procès complètement épuisant d'une quinzaine de jours.

Les faits méritent d'être rappelés pour voir à quel point, quand on sort de l'analyse étriquée et manichéenne proposée par la doxa ambiante des « féminicides, tous les mêmes », l'analyse du passage à l'acte de l'accusé est cruciale. Il est aussi regrettable qu'on n'étudie pas les affaires criminelles, notamment dans les lycées pour, sensibiliser les jeunes sur les zones de danger qui vont favoriser les passages à l'acte violent dans les couples, que ce soit des couples hétérosexuels ou autres d'ailleurs. (Les lesbiennes, les gays et les trans exercent aux aussi des violences et ont également des passages à l'acte criminel, comme les hommes hétérosexuels, il n'y a aucun monopole masculin en cette matière.)

Nicolas Zepeda est chilien, il est né le 11 décembre 1990 à Santiago du Chili, il est issu d'une famille unie et aisée. Il multiplie les expériences à l'étranger dans le cadre de ses études supérieures. En décembre 2014, il est au Japon à l'Université de Tsukuba où il rencontre Narumi, une jeune étudiante japonaise, née le 23 juillet 1995 à Tokyo (Japon). C'est un véritable coup de foudre mutuel. Il laisse immédiatement sa petite amie de l'époque et entame une relation amoureuse avec Narumi. Très vite, la jeune Narumi le présente à sa famille, en mars 2015. Le 31 mars, l'histoire d'amour change, Nicolas retourne au Chili et les relations se feront via Internet. L'histoire d'amour perdure et, le 6 septembre 2015, Narumi le rejoint au Chili. Cet amour international se passe au mieux et visiblement, lorsque l'on regarde les photographies du couple durant cette période, ils semblent très heureux et surtout très amoureux l'un de l'autre, c'est évident. C'est aussi, pour chacun, la découverte d'autres modes de vie profondément différents entre une Japonaise éduquée dans la pure tradition de son pays et un jeune homme aux codes plus libres et plus latins. Narumi vit sa première histoire d'amour avec Nicolas qu'elle a placé sur un piédestal et qui lui aussi se sent transporté par l'énergie de cette passion. Narumi restera trois semaines au Chili, hébergée dans la famille de Nicolas. Elle est traitée comme la future femme de Nicolas, les choses sont manifestement prises très au sérieux par tout le monde. Mais la vie est ainsi faite que Nicolas continue ses études au Chili et Narumi au Japon. Nicolas espère que Narumi pourra venir s'installer au Chili pour continuer à étudier et vivre avec lui.

Lors de son procès en appel, Nicolas Zepeda parlera de cette période en expliquant qu'ils avaient vécu une histoire d'amour distancielle, et que c'était difficile. Mais là déjà commence l'affaire criminelle. Cette observation a priori anodine de Nicolas Zepeda est en réalité la source même de ce qui va le conduire au passage à l'acte criminel et transformer ses sentiments amoureux en obsession destructrice. (On n'est pas du tout dans le crime possessionnel avec Nicolas Zepeda.)

Jusqu'à Internet et au téléphone portable, c'est-à-dire à peu près jusqu'en 1999, lorsqu'on vivait une histoire d'amour à distance, d'un pays à un autre, on la vivait comment ? Pour les jeunes de ma génération, c'était très simple en fait. D'abord, on ne pouvait pas s'appeler beaucoup parce que les appels téléphoniques étaient très chers. Il n'y avait pas de forfait ou de WhatsApp, Skype ou Viber, et en général un seul téléphone par maison, ou alors c'étaient les cabines téléphoniques dans la rue, avec des pièces ou des cartes prépayées (mais toujours aussi chères pour des jeunes). Ensuite, il y avait les lettres (en papier) avec une enveloppe et un timbre (temps moyen de France à l'étranger, une semaine à dix jours) et… rien d'autre. La distance, c'était l'absence et très peu de nouvelles et, de temps en temps, le téléphone.

On ne pouvait rien savoir de l'autre et les relations étaient basées uniquement sur la confiance en l'autre et surtout en soi.

Il est vrai que ce type de relation rendait aussi plus intenses les moments passés ensemble, l'attente, la frustration du temps intensifiaient les histoires d'amour qui duraient ou pas avec l'érosion du temps et de la distance. Quand une histoire s'arrêtait, elle s'arrêtait. Il était impossible de savoir ce qui se passait pour l'autre qui se trouvait à des centaines ou des milliers de kilomètres et le deuil d'une relation se faisait par la force des choses sans rien savoir.

Quand on écoute Nicolas Zepeda lors de son procès en appel, on se rend compte qu'une relation distancielle aujourd'hui, c'est plusieurs messages dès le réveil. Une petite visio entre 12 h et 14 h, quelques SMS dans la journée et des heures de Skype le soir. Et puis, il y a les réseaux sociaux, et là aussi un phénomène contemporain qui compte beaucoup maintenant dans les affaires criminelles. On peut surveiller l'autre, ses photographies publiées, ses amis, et cela peut aller très loin (mails, Facebook, Instagram, etc.). En bref, il y a certes une distance physique mais compensée par une relation quotidienne entre les deux amoureux séparés géographiquement, et aussi une surveillance constante en ce qui concerne cette affaire. Tout cela va favoriser l'obsession de Nicolas Zepeda envers Narumi.

Nicolas revient au Japon pour retrouver Narumi et trouver un travail à Tsukuba. Cela ne fonctionne pas. Le couple vit ensemble dans un petit appartement, mais Nicolas ne parle pas le japonais, il ne parvient pas à réussir son installation au Japon. Parallèlement, Narumi avance et décide de partir en France à Besançon au CLA (Centre de linguistique appliqué). Le couple se sépare à nouveau. Narumi quitte le Japon pour la France, comme elle l'avait toujours souhaité et contre l'avis de son compagnon. Nicolas reste à Tsukuba, seul quelques jours, puis rentre au Chili.

Lorsqu'on se plonge dans la multitude de messages du couple séparé par la distance, on se rend compte que tout change entre eux à partir du moment où Narumi arrive en France à Besançon. Jusque-là, le seul point de crispation entre les deux amoureux, c'est la volonté de Narumi d'aller en France et d'apprendre le français. Pas en Espagne ou au Chili comme le souhaiterait Nicolas, en vue de leur future vie commune. En France, Narumi vit de plus en plus à la française. À regarder son Facebook, à lire les témoignages de ses amis, on se rend compte que la France a pour elle été sa première expérience de liberté et qu'elle a adoré ça. Faire enfin ce qu'elle voulait, comme elle voulait, sans rendre de comptes à personne, sans la pression des traditions.

Elle a des amis, hommes et femmes, tous étudiants. Besançon est une jolie ville, agréable, qui permet de sortir et de s'amuser quand on a vingt ans, et elle ne se prive pas. Elle fréquente un club de danse, s'affiche sur Facebook avec ses nouveaux amis, se promène en Franche-Comté, découvre la restauration franc-comtoise, elle est manifestement très heureuse sans Nicolas et ça se voit au travers de ses publications.

Naturellement, Nicolas Zepeda voit tout ça depuis le Chili, tous les jours, tous les soirs. Il perd pied petit à petit. Il voit apparaître des nouveaux amis, des rivaux, et il se sent loin et impuissant. Alors, la relation prend une tournure insupportable pour Narumi. Il exige qu'elle retire certains amis masculins de son Facebook.

Progressivement, le ton monte, il y a des centaines de messages de reproches, de critiques respectives, surtout de la part de Nicolas qui observe depuis le Chili tout ce qui se passe dans la vie française de Narumi. Elle est heureuse sans lui, cela lui est insupportable et l'exaspère. Il fait une vidéo qui est en réalité un ultimatum, que les enquêteurs retrouveront après la disparition de Narumi sur Dailymotion.

À ce stade de la relation, il est important de s'attarder sur des extraits de leurs échanges par messages écrits via Internet, que les enquêteurs vont retrouver dans les exploitations des messageries de Nicolas et Narumi :

NZ : « Tu fais de moi un idiot parce que je ne suis pas en France. » « C'est très triste de voir que tout ce qu'on a construit pourrait être détruit par des mensonges. »

NK : « Je ne peux pas accepter que tu me traites de menteuse. »

NZ : « Efface les 3 mecs de Line et Facebook. » « Montre-moi que tu es sérieuse, je veux voir ton engagement. » « Tu décides de défendre 3 mecs que tu as rencontrés la semaine dernière. » Narumi refuse. « Tu veux que je les contacte, leur envoie un message Facebook disant que tu es ma petite amie pour qu'ils arrêtent de te courir après ? »

Rien n'y fait, Narumi refuse de retirer ses nouveaux amis, dont Arthur Del Picolo qui inquiète manifestement Nicolas en tant que prétendant. Il insiste : « Je vais perdre ma patience Narumi. » « Tu t'es comportée comme le diable en personne aujourd'hui. » « Tu m'as traité comme une poubelle ! »

NK : « C'est bon, je les ai retirés. »

NZ : « C'est faux, je vois encore Arthur. »

NK : « Je ne supprimerai jamais Rapha et Arthur. »

NZ : « Je ne peux pas croire que tu préférerais trois amitiés dans Facebook que d'avoir une opportunité de te battre pour ton amour. Je ne peux pas croire ce qui s'est passé, je ne sais pas comment je vais expliquer ça à mes parents, tu me traites comme une ordure. »

Le 7 septembre 2016, Nicolas Zepeda poste la vidéo d'ultimatum sur Dailymotion pour Narumi. On le voit chez lui, assis à son bureau, face à la caméra de son ordinateur : « Bonjour à qui est en train de regarder pour Narumi. » « Elle a fait de mauvaises choses », et d'expliquer qu'elle devra respecter « certaines conditions » durant son séjour en France et que si, dans les trois semaines qui viennent, elle ne suit pas ces conditions, alors il mettra un terme à leur relation. Il précise : « Il faut qu'elle construise la confiance et elle doit payer un petit coup pour ce qu'elle a fait et assumer cela, assumer qu'elle ne peut pas aller partout en faisant ce type d'erreur avec la personne qui l'aime. »

Pour Nicolas, Narumi a été immorale, elle s'est comportée en femme libre, libre de ses choix de vie en allant en France, libre de ne pas être avec lui et surtout libre de voir qui elle veut malgré ses injonctions. Ce sont là, pour lui, les graves fautes morales commises par Narumi, c'est lui la victime en souffrance de ces agissements immoraux. D'ailleurs, certains messages sont éloquents :

NZ : « Je suis venu au Japon et tu t'es échappée en France. » « C'est toi qui nous as cassés pour des raisons égoïstes. » « C'était responsable de sortir avec des mecs ? » C'était responsable d'aller boire des verres avec des mecs ? »

Le 8 octobre 2016, suite à des messages particulièrement houleux entre Nicolas et Narumi (dont certains reprochaient à Nicolas une grossesse involontaire subie et gérée seule par Narumi, mais l'enquête ne permettra jamais de savoir si Narumi avait été enceinte et si elle avait avorté), le couple se sépare, cette fois-ci de façon irrémédiable (en tout cas pour Narumi), on comptabilisera 981 messages échangés entre eux du 28 août au 8 octobre, hors tchat et visio Skype.

À partir du 8 octobre, Nicolas Zepeda est évincé (« ghosté » comme on dit aujourd'hui) de la vie de Narumi. Il n'apparaît plus sur son Facebook, et c'est Arthur Del Picolo qui prend rapidement sa place. Il le voit, il est spectateur de cette nouvelle idylle via Facebook et c'est pour lui manifestement une souffrance intolérable.

Il est vrai qu'avant Internet, ce type de choses était impossible. Si une histoire d'amour s'arrêtait à cause de la distance, il était impossible de savoir quoi que ce soit, même pour quelqu'un de très curieux ou obsessionnel comme Nicolas Zepeda. Aujourd'hui, c'est très différent, c'est ainsi, et c'est aussi un facteur important dans les passages à l'acte et notamment le harcèlement et les menaces après les ruptures amoureuses.

Narumi est devenue une obsession pour Nicolas Zepeda, une obsession qu'il alimente au quotidien en suivant sa vie à distance, sur les réseaux sociaux, en piratant même sa boîte mail pour lire ses messages… Il sait qu'il est urgent qu'il se déplace physiquement en France pour reconquérir Narumi, il n'y a pour lui aucun autre choix, Arthur Del Picolo est manifestement devenu son nouveau petit ami ! Narumi l'affiche clairement sur Facebook et, au contraire de ce qu'il affirmera lors de son premier procès à Besançon, Nicolas savait que Narumi avait entamé une nouvelle relation amoureuse avec Arthur avant son départ pour la France. (Il le reconnaîtra enfin, en appel, à Vesoul.)

À partir de cet instant, Nicolas Zepeda va préparer seul son voyage en France. Il ne dit rien à personne, il tient ses parents totalement à l'écart de son périple alors qu'ils sont pourtant très proches. Il va aller en France reconquérir Narumi et si elle ne revient pas avec lui alors… Le 10 novembre, il achète son billet d'avion pour Genève et, le 17 novembre, il loue une voiture auprès de la société Rent A Car à Dijon. Le voyage final se prépare.

Nicolas Zepeda arrive en France par un vol de Santiago du Chili jusqu'à Madrid, puis de Madrid à Genève, avec une arrivée en Suisse le 29 novembre 2016 en fin de soirée, vers 22 h. Il passe la nuit à Genève et, le lendemain, il rejoint Dijon en train et prend une voiture de location qu'il a réservée, direction Besançon, directement à proximité immédiate de l'immeuble universitaire où réside Narumi. Il va rapidement s'installer sur un parking librement accessible, depuis lequel on voit parfaitement toutes les entrées et sorties des étudiants qui vivent dans cet immeuble appelé la Résidence Rousseau.

On le sait parce que le véhicule de location de Nicolas Zepeda dispose d'un tracker. On connaît tous ses déplacements grâce à celui-ci car il n'a pas utilisé son téléphone portable. En réalité, en étant arrivé en avion en Suisse, puis en France par le train, il n'existe pas officiellement sur le territoire français. Il est traçable uniquement jusqu'à l'aéroport de Genève, après, techniquement, il disparaît des radars.

Nicolas surveille Narumi, on sait avec précision qu'il va être sur le campus, ce mois de décembre 2016, devant la Résidence Rousseau le 1er décembre, une partie du 2 décembre, sauf la nuit du 2 au 3 décembre où il passe sa soirée seul à Ornans, à l'hôtel-restaurant La Table de Gustave. Le 3 décembre, il revient à Besançon et passe la nuit devant la Résidence Rousseau. Le 4 décembre, il est toujours là, sur le parking de la résidence. On sait aussi que pendant toutes les nuits qu'il passait dans sa voiture sur le parking de la Résidence Rousseau, chaque fois que la portière du conducteur s'ouvrait, cinq minutes après apparaissait un homme en jean, blouson noir et bonnet ou capuche sur la tête, qui tournait autour de la résidence, regardait la fenêtre de la chambre de Narumi et prenait même des photos. Ce sont les caméras de surveillance de l'université qui révéleront ces événements plus que troublants. Et puis, que fait Nicolas Zepeda, seul la nuit sur ce parking, dans sa voiture, alors qu'il fait un froid glacial à Besançon en décembre ? Selon lui, rien de particulier, il lit, il dort sans se poser de questions et surtout il ne surveille pas. Selon moi, il passe son temps à surveiller et à chercher le bon moment pour voir Narumi.

Quand on écoute Nicolas Zepeda lors de son procès à Besançon, il affirme qu'il ne s'est même pas rendu compte, au début, qu'il était en face de la résidence de Narumi. Ce n'est que le hasard si, arrivant du Chili, il a fini sur ce parking qu'il a choisi parce qu'il le trouvait plus « safe » que tous les autres parkings de Besançon ! Pourquoi pas. Ce sont ses explications tout au long de l'instruction et durant son premier procès. Il a abandonné cette version devant la cour d'assises de Haute-Saône à Vesoul et a reconnu, enfin, ce qu'on savait tous d'ailleurs, qu'il avait bien choisi exprès ce parking à proximité immédiate de la résidence de Narumi en arrivant de Dijon.

Il reconnaît, en effet, qu'il est venu exclusivement pour elle, pour la voir et non pas pour rencontrer des responsables de l'université comme il l'avait affirmé lors de son premier procès, mais il contestera toujours l'avoir surveillée.

On l'interroge naturellement sur l'homme qui rôdait la nuit autour de l'immeuble de Narumi : « Qui est l'homme qui faisait le tour de la résidence ? » Non, ce n'est pas lui, en tout cas il ne se reconnaît pas, ce qui n'est pas tout à fait pareil. Le problème, c'est qu'on reconnaît ses chaussures, les mêmes qu'il avait en allant faire ses courses chez H&M pour acheter une chemise blanche et un blazer, le 3 décembre 2016. On le voit clairement sur la vidéo du magasin.

Le 4 décembre 2016. Narumi ne sait pas encore qu'elle va vivre sa dernière journée, elle qui a pourtant toute la vie devant elle, elle a juste vingt et un ans. Elle va à sa répétition de danse pour travailler sa chorégraphie en vue d'un gala de danse de fin d'année qui lui tenait à cœur, puis rentre chez elle à la Résidence Rousseau. Elle voit quelques minutes Arthur devant la résidence, ils s'embrassent et se quittent, pour retourner dans leurs chambres respectives du CROUS, il est 16 h 08.

À partir de cet instant, tout ce que l'on saura sur Narumi sera raconté par Nicolas Zepeda. Narumi ne communiquera plus avec personne, sauf par message avec Arthur un peu plus tard, dans la soirée du 4 décembre. Ce que l'on sait, c'est que Nicolas et Narumi se sont vus après 16 h 08 devant la Résidence Rousseau. Selon Nicolas, c'est Narumi qui l'aurait reconnu alors qu'il était garé sur le parking de la Résidence Rousseau dans sa voiture et qui serait venue à sa rencontre. Avec maître Sylvie

Galley, avocate de la famille de Narumi, nous nous sommes rendus sur place. On a vu le parking, face à la résidence : reçonnaître quelqu'un dans sa voiture depuis l'entrée de cette résidence est plus qu'improbable, voire impossible.

En réalité, Nicolas Zepeda a eu tout le temps de prendre connaissance des déplacements et des activités de Narumi. Il sait aussi qu'elle a passé la nuit du 3 au 4 décembre dans la chambre d'Arthur qui se trouve à quelques centaines de mètres de la résidence de Narumi. Il sait qu'elle vient de laisser Arthur à 16 h 08 et qu'elle est seule. C'est le moment idéal pour aller la voir et lui parler. Il est évident que cela a dû être un choc émotionnel pour Narumi de croiser Nicolas Zepeda, son ex-petit ami chilien qui était censé être à 13 000 kilomètres de là.

Que se sont-ils dit ? On n'en sait que ce que Nicolas Zepeda veut bien en dire, toujours est-il qu'ils ont été ensemble avec la voiture de Nicolas Zepeda à Ornans, à l'hôtel-restaurant La Table de Gustave, pour dîner, à quarante kilomètres de Besançon. Pourquoi ne pas avoir dîné à Besançon tout simplement ? La question sera naturellement posée à Nicolas Zepeda qui répondra : « Parce qu'il n'y a pas de restaurant ouvert à Besançon le dimanche soir » ! Édifiant !

Ce qui est certain, c'est qu'à Ornans il y a peu de chances de croiser des amis ou des connaissances de Narumi, quant à Nicolas Zepeda, la seule personne qu'il connaisse en France, c'est Narumi.

Il m'est apparu évident que, selon la psychologie de Nicolas Zepeda, le choix d'un hôtel-restaurant n'avait rien d'anodin et que le dîner pouvait très bien finir par une soirée entre amoureux à l'hôtel, loin de Besançon. Ce ne fut pas le cas.

Le dîner a l'apparence, pour les serveurs du restaurant qui seront interrogés par la suite, d'un dîner entre amis, pas entre amoureux. L'ambiance est cordiale entre les deux, mais rien d'autre. On pourrait aussi se poser la question de savoir pourquoi Narumi a accepté ce dîner, pourquoi elle n'a rien dit à Arthur ? Il me semble qu'il n'y a rien d'anormal dans le fait que Narumi accepte d'aller dîner avec son premier amour, d'autant plus que ce dernier a fait 13 000 kilomètres pour venir la voir et que la rupture a eu lieu à distance. Ils ont sans doute des explications mutuelles à se donner. En tout état de cause, alors qu'il y a des chambres disponibles à l'hôtel, le couple d'amis désormais retourne à Besançon, il est 22 h 03 quand ils partent.

On sait qu'arrivés à la Résidence Rousseau, un homme et une femme, qu'on identifie comme Narumi suivie de Nicolas Zepeda, rentrent ensemble dans la résidence. Ils ne se tiennent pas par la main, ils se suivent. C'est la dernière fois que l'on verra Narumi, c'est sa dernière image.

Que s'est-il passé dans la chambre de Narumi ?

On sait qu'elle a envoyé des messages à Arthur qui, à 22 h 59 lui demandait : « Qu'as-tu fait ? » À 23 h, Narumi répond : « J'attendais cette question, je voulais te le dire quand nous nous voyons », accompagné d'un émoticône triste. Arthur se propose alors d'aller la voir immédiatement, mais Narumi ajoute :

« Aujourd'hui, je veux rester à la maison, je suis épuisée ».

Arthur : « Dis-moi maintenant ce qu'il y a. »

Narumi : « Je préfère te le dire en face. »

Arthur : « Un problème ? »

Narumi : « Pas vraiment, pas pour nous, pour moi peut-être. »

Le tout dernier message de Narumi vivante sera adressé à Arthur à 23 h 08 :

« Thank you for worrying. »

Que s'est-il passé dans la chambre 106 ?

On ne saura jamais LA VÉRITÉ. On ne connaîtra que la vérité judiciaire. Ce qui est sûr, c'est qu'à 3 h 21 très précisément, alors que Nicolas et Narumi sont dans la chambre 106, une étudiante anglaise de la chambre 102, Rachelle Hope, échange avec une amie de la même résidence, suite à des hurlements d'horreur qui l'ont réveillée. Elle rédige un SMS à 3 h 21 : « On dirait que quelqu'un était en train de se faire assassiner, j'ai les boules, mon cœur s'emballe. »

Laure Saillet, une autre étudiante demeurant dans la chambre 133, a été elle aussi formelle, les cris oui, mais aussi « un boum, comme si on poussait quelqu'un contre un mur ». Ils sont plusieurs étudiants à avoir entendu des hurlements dans l'immeuble Rousseau vers cette heure-là, puis plus rien. Certains étudiants sont sortis de leur chambre, sont allés dans les couloirs voir ce qui se passait ! Rien. Personne, et surtout plus un bruit après ces cris « stridents » et d'« horreur », de « longs hurlements » selon Adrien Laurent (chambre 132), des « cris de terreur » selon Arnaud Durand. Pourtant, le lendemain, personne ne sera informé de l'existence d'une agression ou autre survenue dans la nuit du 4 au 5 décembre 2016. Les étudiants ayant entendu ces bruits terribles seront malgré tout tous formels sur leur existence et l'heure de leur survenue. Il faudra attendre l'enquête judiciaire pour comprendre ce qui s'est passé à la résidence Théodore-Rousseau et connaître la disparition de Narumi Kurosaki. Il est notable qu'interrogé sur ces cris entendus par plus d'une dizaine d'étudiants, Nicolas Zepeda affirmera qu'il dormait tranquillement à côté de Narumi et qu'il n'a strictement rien entendu cette nuit-là !

Le 5 décembre, personne ne verra Narumi. Personne ne la reverra plus après cette nuit. Ce qui est terrifiant dans l'affaire Zepeda, c'est qu'il va faire vivre artificiellement Narumi jusqu'au 13 décembre 2016. Comment ? Via les réseaux sociaux.

Nicolas Zepeda va rester dans la Résidence Rousseau jusqu'au 6 décembre 2016, sa voiture étant géolocalisée jusqu'à 4 h 23 près de la résidence, puis il se déplace en direction de Dole, dans le Jura, où il arrive à 5 h 10 en passant par la route nationale, pas par l'autoroute. On sait qu'il restera à proximité de Dole et donc de la forêt de Chaux jusqu'à 8 h 23 (secteur précis Rahon-Choisey). Puis il sera de nouveau localisé à Dijon à 9 h 04 pour y rester. Qu'a fait Nicolas Zepeda durant tout ce temps où il ne roulait pas ? Où est-il allé exactement ?

Avant d'en arriver là, il faut comprendre comment Nicolas Zepeda a pu quitter la France et surtout l'Europe en toute impunité et pourquoi l'affaire criminelle Narumi ne commence que fin décembre 2016.

Dès le 6 décembre, Arthur et les amis de Narumi sont inquiets. Personne ne l'a vue et elle n'est pas allée en cours. Ses messages sont déconcertants et, surtout, elle ne répond pas de vive voix au téléphone, mais uniquement par messages écrits. Le lundi 5 décembre à 7 h 45, Arthur Del Picolo adresse un message à Narumi :

« Je passerai après mon travail, passe une bonne journée ma petite Narumi. »

Elle ne lui répondra qu'à partir de 11 h 19, contrairement à ses habitudes :

« Pourras-tu venir demain ? Ne t'inquiète pas au sujet de ce que je t'ai dit hier, je pense que je me focalisais déjà. Je t'aime. »

Puis :

« Merci beaucoup de t'être fait du souci, bonne journée mon chéri. »

Puis plus rien, plus aucune réponse à ses messages.

Arthur est inquiet, il n'est pas le seul, cela ne ressemble pas à Narumi de ne pas répondre, de ne pas l'appeler, de ne pas aller en cours… Elle ne répond pas plus à ses amis. Le soir même, alors que plus personne n'a de nouvelles, Arthur et ses amis, qui sont tous aussi ceux de Narumi, se rendent à la Résidence Rousseau, ils sont six à attendre. Au bout de quelque temps, après avoir frappé à sa porte et cherché Narumi dans la résidence, Arthur décide d'aller voir le gardien de la résidence pour se faire ouvrir la porte de la chambre 106. On sait que Nicolas Zepeda est dans la chambre 106 à ce moment-là, il ne la quittera que dans la nuit du 5 au 6, à 4 h 23. On sait aussi que Narumi est déjà morte, même si entendu plus tard, Nicolas Zepeda affirmera qu'il était avec Narumi lorsque ses amis étaient derrière la porte et que c'est bien elle (et pas lui) qui a envoyé les messages suivants à Arthur, en sa présence, juste avant l'arrivée du veilleur de nuit à 23 h 03 :

« Salut mon chéri, je voulais te dire en personne que je n'en peux plus. J'ai rencontré un autre garçon, et je ne sais pas s'il me plait ou pas. J'ai passé la journée avec lui. Je suis un peu confuse. Demain, je t'expliquerais tout. Baisers. »

À 23 h 12, Arthur lui répond :

« Où es-tu maintenant, j'attends avec 5 personnes devant ta porte. »

À 23 h 20, Narumi (Nicolas) répond, alors que le veilleur de nuit est sur le point d'ouvrir la porte :

« Oh je suis désolé, j'étais en ville, je ne reste pas à la maison ce soir. »

Arthur lui demande des explications, elle lui répond :

« Mon Chéri stp, ne devient pas comme ça, je peux sérieusement expliquer demain. »

Le message est efficace. Elle n'est pas là, elle ne rentre pas, donc cela ne sert à rien de faire ouvrir la porte, puisqu'elle est en ville avec un garçon... Tout le monde repart, un peu abasourdi par ce qui est en train de se passer, surtout Arthur qui ne comprend rien du tout à l'attitude complètement surréaliste de Narumi...

Nicolas Zepeda reste seul, avec le cadavre de Narumi, dans la chambre 106 de neuf mètres carrés de la Résidence Rousseau.

Le 6 décembre, Arthur essaie d'avoir des explications avec Narumi, impossible de lui parler au téléphone, ça ne répond pas. Impossible de la voir physiquement, en fait personne ne l'a vue. À 9 h 59, il reçoit un message d'explication :

« J'espère que tu passes une bonne journée. Je sais que ce que j'ai dit hier était difficile à digérer, comme mon ex-petit ami n'essayait pas de comprendre que j'essayais d'être honnête. Hier, tu disais que si je ne reviens pas à ma chambre j'allais recevoir ton rejet, comme si j'étais une gamine et toi quelqu'un de supérieur à moi[25]. »

Arthur : « Je ne veux pas que sentes que je suis supérieur, mais est ce que je ne devrais pas m'inquiéter que ma petite amie sorte avec un autre sans rien dire, et même dorme à sa maison ? Peut-être est-ce normal au Japon ? »

À 10 h 25, Narumi répondait d'une façon particulièrement habile pour se débarrasser d'Arthur et de ses amis inquiets de ne pas la voir :

« Tu n'as pas besoin de venir à ma chambre, je vais à Lyon aujourd'hui au consulat. J'ai abimé mon passeport, je dois le réparer pour voyage. »

Ce message est quasiment identique à celui qu'elle enverra à tous ses amis, y compris à sa famille, en précisant que son portable dysfonctionne et qu'elle ne peut qu'envoyer et recevoir des messages. Un billet pour Lyon en train via son compte bancaire est acheté par Narumi sur Internet le 6 décembre 2016 à 11 h 34 pour 34 €. (L'enquête démontrera que Narumi n'a jamais pris le TGV qu'elle aurait réservé.) À cette heure-là, Nicolas Zepeda est à Dijon. Les analyses techniques permettront de démontrer que l'achat est effectué via la connexion d'un

25. Les messages sont retranscrits fidèlement, y compris avec les fautes d'orthographe ou de syntaxe.

appareil qui s'est connecté à l'adresse IP du centre commercial de La Toison d'Or à Dijon. Là où Nicolas Zepeda se trouve précisément. De plus, le site pour acheter ce billet de train est le même qu'avait utilisé Nicolas Zepeda pour réserver son billet de train Genève-Dijon (Go Euro).

Le 8 décembre, le compte bancaire de Narumi sert à acheter une application informatique VPN permettant de brouiller la localisation de l'adresse IP, c'est la dernière fois que son compte bancaire fonctionnera.

L'inquiétude monte chez les amis de Narumi. D'abord, le consulat de Lyon ne gère pas le passeport de Narumi, il dépend en réalité de Strasbourg et les étudiants japonais amis de Narumi le savent. Ensuite, personne ne lui a plus jamais parlé depuis le 5 décembre et, enfin, les jours passent et toujours pas de Narumi.

Alors, à force de la chercher, à force de s'inquiéter et de le faire savoir aux enseignants de l'université de Franche-Comté et du CLA, le 13 décembre 2016, Cédric Pastor, responsable de la direction des relations internationales à l'université de Franche-Comté, déclarait la disparition inquiétante de Narumi Kurosaki au commissariat de police de Besançon.

Très rapidement, les enquêteurs de la police judiciaire font des investigations sur le numéro de téléphone portable de Narumi Kurosaki. Les amis sont entendus, Arthur est entendu, il fera même l'objet de soupçons et une perquisition sera effectuée à son domicile. Les enquêteurs se rendent dans la chambre 106, ils comprennent. La chambre est intacte, les affaires personnelles de Narumi sont là, son sac à main, son ordinateur, ses habits, ses chaussures, son manteau, etc. Il y a même une somme de plus de 500 € en espèces dans la chambre. Il ne manque que les draps du lit, l'alèse du lit, la taie d'oreiller et sa valise !

Une grosse valise. On a les photos de son départ du Japon avec la valise qui a disparu. Les enquêteurs comprennent que le voyage à Lyon, la rencontre amoureuse du 5 décembre, rien ne va. Il s'est passé quelque chose de grave, mais quoi ? Les soupçons se portent sur Arthur, mais il a un alibi très solide entre sa téléphonie et ses amis ! Tout va se jouer à Ornans. Le repas avec Narumi.

Sans ce dîner, il n'y aurait jamais eu d'affaire Narumi, en tout cas on n'aurait jamais soupçonné une seule seconde Nicolas Zepeda. Pourquoi ?

Depuis qu'il est en France, Nicolas Zepeda n'a jamais utilisé son téléphone portable. Il est arrivé en avion en Suisse, donc sa venue en train n'est pas soumise aux contraintes des enregistrements et des vérifications effectuées par les autorités des aéroports en France. Il n'a subi aucun enregistrement ou contrôle sur le territoire national. Personne ne sait qu'il est en France. Il a quitté Dijon pour se rendre ensuite à Genève en train et il a pris un vol depuis Genève pour Barcelone le 7 décembre au soir.

Les enquêteurs n'avaient aucune chance de trouver l'achat effectué chez H&M, vu le nombre de transactions bancaires effectuées par tous les commerces bisontins. Le téléphone de Narumi parle, elle était à Ornans le 4 décembre 2016 vers 19 h. À Ornans, il y a peu de choses à faire à 19 h, un dimanche. Ils font le tour des restaurants avec la photo de Narumi et là, bingo. À La Table de Gustave, on s'en souvient très bien. Une jeune Japonaise et un Chilien, ce n'est pas habituel dans ce restaurant. Le personnel précise aussi que le jeune homme était déjà venu et avait passé la nuit à l'hôtel. On ressort les tickets de carte bancaire et là, surprise. L'homme avec Narumi, l'ex-petit ami insoupçonnable parce qu'il est au Chili, était, c'est certain, avec elle la veille de la disparition de Narumi à Ornans. Cela change tout.

Le 23 décembre 2016, le procureur de la République prenait un réquisitoire supplétif pour assassinat et faisait délivrer un mandat d'arrêt contre Nicolas Zepeda, trop tard !

Les enquêteurs découvrent que Nicolas Zepeda s'est rendu à Barcelone, chez son cousin Juan Felipe Ramirez-Contrera qui y poursuit ses études de médecine et qu'il est resté là-bas jusqu'au 12 décembre. Il a pris l'avion pour Genève depuis Barcelone, puis Genève-Madrid et enfin Madrid-Santiago du Chili, seul. À partir du 13 décembre, date de l'arrivée de Nicolas Zepeda au Chili, il n'y aura plus aucun message envoyé par Narumi à ses amis ou à sa famille. Elle disparaît virtuellement cette fois-ci, non sans avoir envoyé un message depuis l'adresse IP du cousin de Nicolas Zepeda à Barcelone, et son dernier message depuis l'aéroport de Santiago du Chili !

À partir de là va se construire le dossier d'instruction de l'assassinat de Narumi Kurosaki chez un juge d'instruction de Besançon. Les éléments de preuves nombreux ont déjà été évoqués, d'autres vont s'ajouter.

Éléments à charge :

• Le voyage secret en France de Nicolas Zepeda dans des conditions rendant impossible de détecter sa présence en France.

• Le cousin de Nicolas Zepeda, entendu par les autorités espagnoles à la demande du juge d'instruction français, fera savoir que pendant toute la semaine où Nicolas Zepeda était avec lui, il ne lui a non seulement jamais dit qu'il avait été en France mais, en plus, alors qu'il lui avait demandé des nouvelles de Narumi, ce dernier lui aurait fait savoir qu'il n'en avait plus aucune depuis le mois d'octobre. De plus, Nicolas lui avait posé des questions étranges sur la mort par… asphyxie !

• Jérémie Bride, enseignant à l'université de Tsukuba, au Japon, avait été contacté par la famille de Narumi qui s'étonnait de certaines dépenses sur son compte bancaire comme l'achat d'un billet de train et d'un VPN, et de messages dont la façon de s'exprimer ne correspondait pas à Narumi. Sans compter que cette dernière n'avait plus été vue par ses amis japonais et Arthur depuis le 5 décembre. Inquiet, il avait contacté Nicolas Zepeda qu'il avait connu à Tsukuba, et ce dernier lui avait montré, via son téléphone, qu'il était bien au Chili et qu'en aucun cas il n'avait eu de nouvelles de Narumi. Naturellement, il ne parlait pas de son séjour en France et il ne postait rien sur Facebook ou autre en lien avec Narumi ou la France. Enfin, lorsque Jérémie Bride lui avait fait part de l'inquiétude de la famille de Narumi concernant sa disparition, il ne s'était absolument pas senti concerné par la situation, ayant rompu avec elle depuis le mois d'octobre 2016. L'annonce de sa disparition ne provoquant d'ailleurs aucune réaction de sympathie ou de tristesse.

• En arrivant à Dijon, Nicolas Zepeda, qui n'est ni fumeur ni campeur, avait acheté un bidon de 5 litres de Winflam (un combustible pour réchaud) et un pack de trois boîtes d'allumettes.

• Nicolas Zepeda a refusé de se rendre en France pour s'expliquer alors qu'il savait qu'il y avait un mandat d'arrêt international contre lui. Il sait pertinemment ce que sait tout Chilien, c'est qu'il n'existe aucun accord d'extradition entre le Chili et les autres pays. Le Chili n'extrade pas les Chiliens. Il connaît aussi la jurisprudence Pinochet : pas de corps, pas de procès. En principe, il restera au Chili, mais libre.

Il a d'ailleurs, pour s'expliquer suite aux remous dans la presse française, japonaise et chilienne, transmis aux autorités chiliennes un emploi du temps rédigé par ses soins, et erroné, sur sa visite en France. Il a affirmé qu'il n'avait passé qu'une seule nuit avec Narumi, la nuit du 4 au 5 décembre, et qu'il était parti très tôt dans la matinée, en ajoutant qu'il avait eu un rapport sexuel avec Narumi qui avait été à cette occasion, selon lui, particulièrement bruyante ! Il avait précisé être reparti à pied de chez Narumi en direction du centre-ville. Il a donc fallu tout l'acharnement de l'institution judiciaire de Besançon, de la presse française mais aussi chilienne et de l'opinion publique pour que, in fine, Nicolas Zepeda soit extradé vers la France le 24 juillet 2020 au nom de la « cordialité internationale » selon la Cour suprême chilienne, soit quarante-quatre mois après les faits !

• Deux de ses connaissances japonaises dont une qu'on peut qualifier d'amie, qui était d'ailleurs venue chez lui au Chili, ont fait savoir que durant la période du 6 au 12 décembre, Nicolas leur avait demandé de traduire pour lui certaines phrases en japonais, phrases retrouvées à l'identique dans certains messages envoyés par Narumi à ses amis ou sa famille durant cette période.

• Une étudiante anglaise, Rachel Hope, a reconnu Nicolas Zepeda pour l'avoir croisé dans la Résidence Rousseau alors que ce dernier avait contesté toute intrusion dans la résidence. Elle l'avait vu le 2 décembre, il avait l'air complètement perdu et se cachait. Elle confirmera sa reconnaissance et ces faits en première instance, puis en appel. Une autre étudiante, Nadia Ouaked, a confirmé l'avoir vu aussi dans la résidence, il était dans une des cuisines communes, recroquevillé sur lui-même. Elle lui avait proposé de l'aider et il lui avait dit qu'il avait « fait un malaise », elle a précisé lors du second procès qu'en fait elle l'avait peut-être croisé le 5 décembre, soit quelques heures après la mort de Narumi.

• Les cris le 5 décembre à 3 h 21 du matin dans la résidence Théodore-Rousseau.

• Les projets de Narumi : outre un gala de danse qui lui tenait à cœur, Narumi devait revoir le 7 décembre son meilleur ami qui arrivait du Japon pour la voir, elle devait passer Noël avec Arthur dans sa famille qui était ravie de l'accueillir. La thèse de l'évaporée[26], très connue au Japon, ne colle pas avec Narumi qui non seulement n'avait aucune raison de se suicider mais qui, si elle avait tout quitté pour disparaître, aurait au moins pris son argent (a minima).

• Qu'a fait Nicolas Zepeda pendant plus de trois heures dans la forêt de Chaux, le 6 décembre 2016 ? Sachant que la surface de la forêt de Chaux représente 22 000 hectares, trouver un corps sur une telle surface relève du miracle, sans compter les cours d'eau.

• L'exploitation des adresses IP par lesquelles Nicolas Zepeda va envoyer des messages au nom de Narumi, depuis Dijon, Barcelone et Santiago du Chili.

• Narumi ne s'est jamais rendue au consulat de Lyon et n'a jamais pris le TGV pour Lyon.

• Personne n'a revu Narumi après son retour à la Résidence Rousseau avec Nicolas Zepeda, on ne la verra pas non plus après analyse des enregistrements vidéo de la résidence après cette date. Pour ceux (dont un a témoigné à la cour d'assises en appel, un témoignage complètement lunaire) qui affirmaient l'avoir croisée après, leurs témoignages ont été vérifiés, tout a été étudié. Eh bien non, aucun témoin sérieux n'a vu Narumi après le 5 décembre. Il est habituel que dans ce type d'affaire des témoins de bonne foi soient persuadés d'avoir vu la personne

26. Ce phénomène est fréquent au Japon qui a même un terme pour qualifier ces départs mystérieux, les « Johatsu », qui signifie évaporation. Les « évaporés » planifient leur disparition et un jour, subitement, coupent tout lien avec leurs proches et partent reconstruire leur vie ailleurs.

disparue. Il y a aussi manifestement des témoins qui racontent n'importe quoi, y compris devant la presse, juste pour exister. Cela a été le cas dans l'affaire de Narumi, malheureusement.

• Le véhicule loué par Nicolas Zepeda a été rendu particulièrement sale et boueux, avec de la terre au niveau du siège conducteur et du coffre et de la terre sur la carrosserie, avec de l'herbe séchée et de la terre coincée dans le carter sous le coffre, comme l'a déclaré la personne ayant récupéré la voiture louée par Nicolas Zepeda juste après lui, Monsieur Duzepe Malioku.

• La disparition de la valise et le scénario criminel.

J'ai commencé ma plaidoirie de partie civile comme ça, en m'adressant à la cour d'assises d'appel de la Haute-Saône :

– Vous aurez à répondre à trois questions. La première, puisqu'il n'y a pas de corps, c'est : « Narumi est-elle morte ? » La seconde : « Quand et de quelle façon est-elle morte, sachant qu'on n'a pas d'autopsie du corps ? » La troisième, enfin : « Qui l'a tuée ? »

Personne n'a vu sortir Nicolas Zepeda le 6 décembre 2016 de la Résidence Rousseau. Il est parti de nuit, vers 4 h 30 du matin, en prenant la sortie de secours (sans faire exprès), celle où il n'y a pas de caméra de sécurité. Narumi a été tuée vers 3 h 20 du matin dans la chambre 106. Les cris d'horreur et le bruit sourd ne peuvent pas correspondre à autre chose. Comment ? L'asphyxie après un choc violent à la tête. Pourquoi ? Le fameux « boum », et puis la taie d'oreiller, les draps qui ont disparu. Pour maître Sylvie Galley et moi-même, après lui avoir cogné la tête, il l'a étouffée avec son oreiller. D'ailleurs, l'oreiller supporte d'un côté l'ADN de Narumi et de l'autre, celui de Nicolas Zepeda (étonnant !). Pourquoi ? Nicolas Zepeda a dépensé beaucoup d'énergie à essayer d'imposer l'idée qu'ils avaient fait l'amour plusieurs fois dans cette petite chambre mal insonorisée. C'est faux. D'abord, personne n'a entendu des bruits confirmant cela, alors que tout s'entend dans ces chambres. Ensuite, les seuls bruits, ce sont des cris d'horreur. Et puis, aucune trace de rapport sexuel. Nicolas Zepeda avait affirmé avoir utilisé des préservatifs qu'il avait ensuite jetés dans les toilettes, dont acte.

– Et les emballages, Monsieur Zepeda, il n'y en avait pas dans la poubelle ?

Nicolas Zepeda avait répondu qu'ils les avaient gardés sous prétexte qu'on ne peut rien jeter dans la poubelle d'une Japonaise. Tiens donc…

Pourquoi l'avoir tuée ?

Eh bien, au contraire de ce qu'affirme Nicolas Zepeda, s'ils avaient fait l'amour et s'étaient de nouveau rapprochés, il ne l'aurait en aucun cas tuée. C'était son objectif, son obsession, de la reconquérir. Il l'a tuée parce qu'elle l'a rejeté, « traité comme un détritus », lui, Nicolas Zepeda ! Insupportable souffrance, 13 000 kilomètres pour elle, le froid, les surveillances, Arthur Del Picolo, tout ce qu'il a dû supporter pour… rien, non pas pour rien, pour être rejeté.

Une tête cognée contre le radiateur au pied du lit (boum) et puis le coussin sur le visage. Les cris, qui s'estompent, l'asphyxie, Narumi est morte. Le scénario nous a semblé être celui-ci : Si elle m'aime toujours, elle repart avec moi. Si elle ne m'aime plus, elle meurt parce qu'elle doit payer pour tout le mal qu'elle lui a fait, elle ne peut pas s'en sortir comme ça, ce serait immoral ! Après tout, elle est le diable et il est le bien, selon leurs derniers échanges d'octobre…

Le 5 décembre, je suis persuadé que c'est ce jour-là que Madame Ouaked le voit, recroquevillé sur lui-même. C'est dur de passer la nuit avec un cadavre. Fuir, c'est difficile, il faut se débarrasser du corps, sinon il sera arrêté. La valise ? Oui, ça peut contenir le corps d'une jeune femme de 54 kilos, cela tient parfaitement dans une valise, repliée en position fœtale.

On le sait, on a des cas où des femmes ont été retrouvées dans une valise. Avec le procureur de la République Étienne Manteaux et Sylvie Galley, nous avions apporté des photos d'une affaire précédente où une femme avait été retrouvée morte dans une valise similaire.

Nicolas Zepeda quitte la résidence le 6 décembre vers 4 h 30 du matin, personne ne le voit sortir avec une valise. Il la range dans le coffre comme il peut, et direction la forêt de Chaux. Qu'a-t-il fait du corps ? Cinq litres de Winflam, des allumettes ? A-t-il brûlé le corps dans la valise et jeté ce qui restait à l'eau ? A-t-il juste jeté la valise dans un cours d'eau ? On ne saura jamais, mais l'achat du Winflam et des allumettes en arrivant du Chili n'est pas un achat anodin.

Après, comment expliquer que Nicolas Zepeda ait pu vivre normalement durant quarante-quatre mois au Chili ? Comment expliquer que, dès le 14 décembre, il pose tout sourire sur Facebook pour montrer qu'il est au Chili ? Comment expliquer son attitude détendue chez son cousin à Barcelone, quelques jours après les faits ? Son attitude au procès jurant par tous les dieux qu'elle est vivante en faisant face à la famille de Narumi ? La morale. La morale de Nicolas Zepeda. Narumi l'avait trompé, elle l'avait humilié, lui qui a une si haute estime de lui. Il dira lors de ses deux procès :

– Narumi était fière de sortir avec un homme aussi beau et intelligent que moi !

Rien que ça.

Celle qu'il avait appelée « le diable », celle qui n'avait pas respecté son ultimatum, celle qui l'avait blessé au plus profond de lui-même alors qu'il ne pensait qu'à elle au point d'en être devenue obnubilé, obsessionnel !

Eh bien, la morale de Nicolas Zepeda est sauve, le diable a été puni et lui est reparti vivre sa vie d'homme de bien au Chili.

Heureusement que la morale ne dicte pas la fin de l'histoire, mais que c'est la justice et la loi qui ont eu le dernier mot. Elle est sans morale, mais juste, comme doit être la justice d'un État de droit. Une décision rendue sans haine et sans crainte, qui a dit la loi par des juges impartiaux.

Nicolas Zepeda a été condamné à vingt-huit ans de réclusion criminelle pour l'assassinat de Narumi Kurosaki en première instance par la cour d'assises du Doubs. Après cinq heures de délibéré, la cour d'assises d'appel de la Haute-Saône a confirmé cette peine de vingt-huit années de réclusion criminelle.

Nicolas Zepeda s'est pourvu en cassation, il reste présumé innocent jusqu'à la décision de la Cour de cassation.

Interview croisée de maître Sylvain Cormier, avocat pénaliste à Lyon, et de maître Renaud Portejoie, avocat pénaliste à Clermont-Ferrand

1) Comment aborde-t-on en tant qu'avocat un procès d'assises médiatique ?

Maître Portejoie : *Il faut tout d'abord rappeler que, contrairement à un fantasme largement relayé dans l'opinion publique, ce sont toujours les médias qui s'emparent d'une affaire, et jamais l'accusé, la victime ou leurs avocats qui leur livrent ou leur vendent. Pour la raison évidente que nous ne maîtrisons jamais, et heureusement d'ailleurs, l'impact de leurs interventions dans l'esprit des jurés.*

Ils s'en emparent pour de multiples raisons, bonnes ou mauvaises, que sont notamment l'émotion suscitée par le drame ou la singularité de l'affaire, par exemple l'absence de corps.

Les parties, d'une façon générale, doivent composer avec ces médias. Les avocats, peut-être encore plus, car nous constituons incontestablement l'interface entre le procès pénal et le grand public. Mais nous sommes rompus à cet exercice ou, en tout cas, devons l'être même s'il n'est pas naturel pour nous, de prime abord. En réalité, plus que la question du rôle de l'avocat dans un procès médiatique est celle des conséquences de la médiatisation d'une affaire sur le délibéré final.

Concrètement, la pression populaire peut-elle peser sur une décision ? La justice parvient-elle toujours à se départir de l'opinion publique ? Je pense que oui, la plupart du temps. On peut prendre comme exemple assez récent l'affaire Jacqueline Sauvage où, malgré une pression folle de l'opinion publique, les juridictions avaient su tenir bon. Seuls les politiques avaient, en réalité, plié.

On peut également citer l'affaire Fiona, devant la cour d'assises du département du Puy-de-Dôme, où avait régné un climat délétère durant toute l'audience.

Elle constitue, à mon sens, la première immixtion des « justiciers numériques » dans un procès pénal, qui réclamaient, par le biais des réseaux sociaux, justice pour la jeune victime. Néanmoins, sous l'égide du président Dominique Brault, la cour avait courageusement et, à mon sens, justement acquitté Cécile Bourgeon, celle qui cristallisait alors tous les fantasmes.

Maître Cormier : Un procès d'assises médiatique cumule une double pression. À la pression d'un enjeu vital pour la personne que l'on défend s'ajoute celle de l'enjeu médiatique redoutable du point de vue professionnel. En effet, dans un procès médiatique comme celui de l'affaire dite Zepeda, chaque intervention est disséquée et commentée par de nombreux journalistes dont un grand nombre publient en direct sur les réseaux sociaux au fil des débats. L'avocat pourrait être incité dans ce contexte à commettre deux types d'erreurs antagonistes aux conséquences étrangement similaires. Premièrement, considérer que l'erreur n'est pas permise. Une intervention ratée au cours des débats peut en effet devenir « gigafail » répercutée, amplifiée, etc. La préoccupation majeure devient alors d'éviter le moindre faux pas. Cette prudence inhibée conduit immanquablement à la paralysie de la défense, qui n'ose plus prendre le moindre risque. Alors que la défense est une activité par nature risquée, nécessitant parfois de l'audace. À l'inverse, l'avocat peut se laisser griser par l'effervescence médiatique et l'intérêt qu'il croit pouvoir susciter, et être à la recherche systématique du coup décisif, nécessairement tonitruant. Un peu comme un joueur de poker qui ferait tapis à chaque donne. Cette attitude est de nature à brouiller la ligne de défense qui se perd dans de multiples interventions au risque d'oublier le but principal de sa démonstration, donnant au mieux une impression brouillonne, voire contradictoire, peu audible au final et, au pire, pouvant aboutir à un contrecoup fatal, un flagrant délit au sens militaire du terme. L'expérience acquise dans les procès à haute, voire très haute, intensité médiatique m'a permis de tirer quelques leçons. Je crois avant tout que la difficulté principale est précisément de parvenir à faire abstraction des médias. La priorité est à mon sens de rester concentré sur les exigences de la défense et du procès. Je suis sincèrement convaincu que le travail effectué lors de l'audience, s'il est de qualité et cohérent, trouvera nécessairement tôt ou tard un écho et verra son impact décuplé par les médias. En revanche et à l'inverse, il est très facile de se perdre dans des luttes médiatiques stériles sans aucun résultat, voire avec des effets contre productifs.

2) L'affaire Zepeda est une affaire où le corps de la victime n'a jamais été retrouvé. Comment gère-t-on les affaires criminelles sans corps ?

Maître Portejoie *: Les affaires criminelles sans corps sont rares. Elles ont même vocation à devenir exceptionnelles du fait de l'évolution des outils technologiques dont disposent les services enquêteurs. Elles défrayent la chronique et passionnent généralement l'opinion publique car nombreux sont ceux qui voient dans l'absence de corps la signature d'un machiavélisme hors du commun.*

Quand on parle d'affaires sans corps, on pense naturellement aux affaires Agnelet, Viguier, Fiona et Zepeda pour les plus connues. Ce sont paradoxalement les affaires les plus difficiles à plaider en défense car, dans une cour d'assises, le vide alimente souvent le fantasme. Il est difficile en effet d'empêcher les jurés de considérer que si le corps n'a pas été retrouvé, c'est du fait de l'accusé qui, délibérément, ne souhaite pas qu'on le retrouve. Ce qui implique que la vérité serait peut-être encore pire que la thèse de l'accusation.

Cette absence de corps laisse place à l'imagination. Et tout avocat vous dira qu'il n'y a rien de pire qu'une juridiction qui imagine.

Certains pourraient, au contraire, penser que l'absence de corps fragilise l'accusation qui se retrouve alors incapable, faute d'examen médico-légal possible, de prouver la mort de la victime et la cause de celle-ci.

Très concrètement, pour être intervenu en défense dans deux des dossiers précités, je peux affirmer que l'absence de corps pose rarement une difficulté pour celle ou celui qui soutient l'accusation, la preuve étant, rappelons-le, libre en matière pénale, et les éléments recueillis précisément dans ces dossiers étant exhaustifs.

Je tiens toutefois à préciser que, contrairement à une idée reçue, la cour d'assises ne peut prononcer une décision de culpabilité qu'à l'aune de certitudes, exclusives du moindre doute.

Les articles 304 et 353 du Code de procédure pénale ouvrant et clôturant tout procès d'assises semblent contradictoires puisque le premier, fixant les termes du serment des jurés, consacre le doute comme principe cardinal du procès pénal et le second, exhortant de façon hasardeuse ces mêmes jurés à ne se forger qu'« une intime conviction », renvoie par là même, à une forme d'appréciation personnelle et donc très subjective de la culpabilité de l'accusé.

Il faudra, dans un souci évident de clarification, que le législateur décide enfin de modifier cette expression critiquable d'intime conviction au profit d'une autre expression qui pourrait être celle de certitude exclusive de doute.

Maître Cormier : C'est l'une des failles majeures, j'assume même le mot erreur, de l'accusation et des juges qui ont condamné Nicolas Zepeda. En effet, ce jeune homme est censé avoir réussi à faire disparaître un corps en quelques heures, alors même que l'on connaissait les moindres détails de ses déplacements par la géolocalisation de son téléphone et de sa voiture de location. Ce jeune homme, d'une constitution plutôt frêle, avait peu de temps et de force pour porter le corps de la victime d'une cinquantaine de kilos. Le corps aurait dû être retrouvé autour de l'axe routier et des arrêts connus de Nicolas Zepeda. L'affirmation des enquêteurs selon laquelle la zone de recherche était immense est fausse. Nicolas Zepeda n'est pas un surhomme. Le fait de ne pas avoir retrouvé de corps est le signe au fond que l'on ne sait pas ce qui est véritablement arrivé à Narumi.

3) Un avocat en défense peut-il plaider en conscience contre la version de l'accusé qu'il défend ?

***Maître Portejoie** : Il faut garder à l'esprit que l'erreur judiciaire ne rôde pas tant que cela dans nos prétoires et que les avocats sont habitués à plaider régulièrement pour des coupables qui se disent innocents.*

La question de la limite de notre mandat, et par conséquent de notre liberté de parole, est sensible. Il est certain qu'un avocat ne peut jamais plaider contre son client, sans l'accord préalable de ce dernier, c'est-à-dire, en pratique, de reconnaître des faits que son client conteste. Il est tout aussi évident qu'accompagner un client dans une version suicidaire car invraisemblable est possible, sur le terrain des principes déontologiques, mais en réalité contraire à ses intérêts.

S'agissant de l'affaire Zepeda, il faut tout d'abord rappeler que mon client a toujours clamé son innocence, depuis son arrestation, alors qu'il était au Chili, jusqu'à son procès en appel. En première instance, il avait été déclaré coupable et condamné à 28 années de réclusion criminelle, décision dont il avait naturellement relevé appel. Il m'avait alors demandé d'intervenir pour son procès en appel, aux côtés de Julien Dreyfus dans un premier temps, puis avec Sylvain Cormier finalement.

À ce stade, je tiens également à rappeler que, sans aucun cynisme de ma part, la vérité avec un grand V n'intéresse pas l'auxiliaire de justice que je suis. Seule la vérité judiciaire compte. Et cette vérité n'est que l'émanation d'un dossier que l'on confronte à une audience.

Le dossier, ce sont les éléments qui ont pu être rapportés par l'accusation durant l'enquête et les réponses rapportées par la défense.

L'audience, c'est la mise en perspective du dossier avec le réel, dans le cadre de l'oralité des débats.

Très concrètement, sans parler de ma conviction personnelle qui n'intéresse personne, j'ai rapidement pris conscience devant la cour d'assises d'appel que les juges et les jurés n'adhéraient absolument pas à la version de mon client. Pire, j'ai senti qu'il n'y avait rapidement plus de place pour quelque doute que ce soit.

J'ai, aux côtés de Sylvain Cormier, malgré cela tout mis en œuvre pour faire valoir les arguments de Nicolas Zepeda et pointer du doigt les faiblesses de l'accusation. Sauf qu'au terme du procès, au moment de plaider, j'ai naturellement perçu que la cour d'assises s'était forgé une conviction inébranlable quant à la culpabilité de mon client. Que plaider en conscience dans cette situation ?

Plaider contre son client et reconnaître ainsi sa culpabilité pour tenter de minimiser sa peine ? Cela aurait constitué une faute professionnelle et un manquement grave à mes obligations déontologiques.

Plaider l'acquittement au bénéfice du doute ? Cela m'apparaissait hasardeux, voire périlleux, car immanquablement voué à l'échec.

Ne restait que le droit. Toujours difficile à manier et à expliciter à des jurés non professionnels et à certains journalistes non rompus à de telles démonstrations. J'ai, en pratique, affirmé que la qualification de meurtre, soutenue par l'avocat général, qui présuppose la démonstration de l'intention homicide ne pouvait pas être retenue, même dans l'hypothèse où mon client serait à l'origine du décès de sa petite amie.

J'ai rappelé que la qualification de coups mortels était systématiquement celle retenue dans des affaires de crimes sans corps et sans armes telles que les affaires Viguier et Fiona. En effet, dans ces affaires, le parquet général avait toujours, par prudence, poursuivi sur le terrain des coups mortels car il reconnaissait ne pas être en mesure, faute d'examen médico-légal, de caractériser l'intention homicide.

Dans l'affaire Zepeda, et dans l'hypothèse soutenue par l'accusation même, aucune arme n'avait été utilisée. Ceci, selon moi, ouvrait la porte à une requalification en violences volontaires ayant entraîné la mort sans intention de la donner. Or, ni le parquet général ni la cour d'assises n'avaient envisagé une telle question subsidiaire.

J'ai donc invité la cour et les jurés à prononcer l'acquittement de Nicolas Zepeda, quand bien même ils pensaient qu'il avait pu donner la mort, dès lors qu'il ne pouvait pas être exclu que cette dernière avait été la conséquence involontaire de coups.

Maître Cormier : Il s'agit d'une situation délicate. À mon sens, un avocat peut plaider contre la version de son client, dans son intérêt, à la condition de recueillir son assentiment pour le faire. Cela m'est arrivé dans des conditions auxquelles je n'étais pas préparé du tout. Il s'agissait d'un jeune homme qui revendiquait à tort sa culpabilité, vraisemblablement dans le but de protéger le véritable assassin. Un jeune avocat se méfie de la version de son client et se doute qu'un coupable pourrait lui mentir en dépit du bon sens pour tenter de se présenter comme innocent. Ce scénario, on y est tous préparés, on y a pensé. En revanche, un innocent qui s'affirmait coupable, voilà une situation que je n'avais pas anticipée du tout. Le jeune homme s'accusait d'un double homicide. Il couvrait le véritable assassin qui manifestement l'instrumentalisait. Les voyants d'alerte se sont allumés quand il m'a demandé la communication des expertises balistiques. Entendons-nous bien, il s'agit de son droit le plus strict. Mais c'est la raison invoquée qui m'a fait sursauter : « Ce que j'ai dit, ça colle pas avec les expertises, il me faudrait les expertises, comme ça, je pourrai corriger mes aveux. » Ce jeune homme s'était imaginé que la perpétuité ne pouvait le concerner et qu'il s'en tirerait du fait de son jeune âge et de son bagout. Il refusait d'en démordre et maintenait sa version en dépit de tous les éléments recueillis. C'est au bout de la dernière ligne droite du procès que j'ai obtenu son accord pour plaider ma conviction : qu'il y avait deux personnes ce soir-là sur la scène du crime et que celui qui avait appuyé sur la queue de détente ne figurait pas dans le box des accusés.

4) Quelle est l'affaire qui vous a le plus marqué dans votre carrière d'avocat pénaliste ?

Maître Portejoie : *Plus qu'une affaire, c'est un procès. Celui de la mère de la petite Fiona, en première instance devant la cour d'assises du département du Puy-de-Dôme. Nul n'avait jamais vu une telle atmosphère. Des centaines de badauds faisaient la queue tous les jours pour avoir simplement le bonheur de pénétrer dans la salle d'audience pour voir le « monstre ». Inutile de préciser qu'en qualité de conseil de celle qui fut la femme la plus haïe de France, j'ai également eu droit à mon lot quotidien d'insultes et de menaces.*

Il faut se souvenir que nous sommes alors en 2016 et que ce procès constitue véritablement le premier procès où s'immisce à ce point l'opinion publique dans les débats au travers des réseaux sociaux. Chacun y allait, sur la base des seules informations glanées dans les médias, sur ce qui se serait réellement passé, sur le lieu d'enfouissement réel du corps et surtout sur le type de sévices qu'il conviendrait d'infliger à ma sympathique cliente. Et à ce dernier sujet, il est évident que l'être humain regorge d'imagination.

Un climat délétère, dont a su se départir la cour d'assises en prononçant l'acquittement de ma cliente, au grand dam de la France entière.

Sur la base du seul dossier. Sans s'inquiéter des réactions.

En faisant sienne, d'une certaine façon, cette belle citation de Vincent de Moro-Giafferi : « L'opinion publique, chassez-la, cette intruse, cette prostituée qui tire le juge par la manche. »

Maître Cormier : J'ai eu l'honneur de défendre Yvan Colonna en vue d'une révision de son procès. Cela a commencé en 2013. J'étais au départ plutôt sceptique, mais la lecture des cent tomes de procédure, et notamment des auditions de témoins de l'assassinat du préfet Érignac, m'aura convaincu de son innocence. L'assassinat d'Yvan Colonna, il y a maintenant deux ans, aura mis fin à cette mission. Les conditions du crime commis en maison centrale dans des circonstances au mieux étranges – des écrans de contrôle qui ne restituaient pas ce que les caméras de surveillance filmaient, des surveillants qui ne surveillaient plus, etc., etc., alors même que paradoxalement Yvan Colonna était un prisonnier qui faisait l'objet de tracasseries soi-disant sécuritaires permanentes –, c'est sans doute mon plus cruel souvenir. La vision d'Yvan Colonna au service de réanimation de Marseille, le visage presque immaculé après son supplice, me hantera toujours.

Chapitre 9

L'affaire de Marie-Claude, du suicide à l'assassinat : Quand la morale rejoint la loi

Le 28 octobre 2019 à 9 h 15, les gendarmes de Belfort interviennent à Trévenans, suite à la découverte, par son mari Fabrice, du corps sans vie de Marie-Claude dans leur chambre à coucher. Fabrice à cinquante-quatre ans, il est ingénieur du son de profession, et Marie-Claude, retraitée. Ils s'étaient mariés le 2 décembre 1995.

Juste après avoir prévenu les secours, Fabrice appelle Sandra, la fille de Marie-Claude, et lui annonce la tragique nouvelle. C'est elle qui prévient immédiatement les gendarmes, complètement stupéfaite par ce qu'elle a entendu de la bouche de Fabrice : « Ta mère s'est suicidée. »

À leur arrivée, les gendarmes interrogent Fabrice. Il est assis sur son canapé, entouré par les sapeurs-pompiers, effondré, en larmes. Les gendarmes se rendent alors dans la chambre à coucher où ils découvrent Marie-Claude, habillée en tenue de jour, allongée sur le dos, du côté droit du lit, la tête, le buste et les jambes dans le prolongement de la tête de lit. Elle a un oreiller posé sur son ventre et qui couvre aussi ses cuisses jusqu'aux genoux. Ses bras sont pliés, sa main gauche repose sur son ventre. Elle est habillée d'un haut clair à manches longues, d'un foulard et d'un jean, elle est pieds nus.

Les gendarmes constatent tout de suite un impact de balle sur le côté gauche de son front.

Les techniciens de la gendarmerie sont sur place. Ils font les prélèvements d'usage, mais un premier détail interpelle les enquêteurs. Selon le mari de Marie-Claude, elle est droitière. Or l'orifice d'entrée de la balle de gros calibre est situé du côté gauche du crâne ! Donc, logiquement, Marie-Claude aurait utilisé sa main gauche pour se suicider. Étonnant !

Fabrice déclare spontanément aux enquêteurs sur place qu'il a entendu le coup de feu alors qu'il était dans le garage, il y a moins d'une heure. Le médecin du SMUR a d'ailleurs constaté l'absence de rigidité cadavérique. Le timing est cohérent avec les déclarations de Fabrice. Il précise que Marie-Claude a fait ça « par désespoir », qu'elle n'était pas bien, que cela faisait plus d'un an qu'elle ne voyait pas sa fille ni ses petits-enfants, mais qu'elle devait la voir aujourd'hui ! Il précise aussi que sa fille, Sandra, n'est intéressée que par l'argent de sa mère et rien d'autre.

Les gendarmes s'intéressent naturellement à l'arme. D'où vient-elle ? Fabrice est tireur sportif, Marie-Claude a pris une de ses armes à son insu dans le coffre situé à l'étage de leur maison. Ils ont pris ensemble le petit déjeuner puis, alors qu'il se trouvait dans la buanderie qui jouxte le garage, il a entendu une détonation à 8 h 40… Il a juste après découvert Marie-Claude sur le lit. Par réflexe, il a pris l'arme et vidé le barillet pour en extraire les balles, puis a appelé les secours et s'est assis à côté d'elle en lui tenant la main jusqu'à l'arrivée des secours.

Fabrice montre aux enquêteurs un message envoyé à 8 h 41 par sa femme : « Pardon de t'abandonner mon amour, mais je ne supporte plus ce manque, je t'aime. »

Les enquêteurs auditionnent Sandra qui précise que sa mère était dépressive, mais qui est formelle concernant l'absence de tendances suicidaires de cette dernière : non, en aucun cas elle ne se serait suicidée et certainement pas avec une arme à feu. Elle indique aux gendarmes qu'elle a reçu un SMS de sa mère ce matin, l'informant qu'elles ne pourraient pas se voir parce qu'elle était souffrante. Pour Sandra, ce message ne venait pas de sa mère, elle est persuadée qu'il venait de son beau-père ! Sa mère était trop contente de pouvoir la revoir, elle et ses petites-filles, et c'était parfaitement réciproque.

Fabrice affirme qu'il existait un conflit entre Sandra, fille unique, et sa mère concernant son héritage et que, depuis un an et demi, Sandra avait coupé tout contact avec sa mère mais qu'elles auraient dû se voir aujourd'hui avec ses petites filles, ce qui stressait énormément Marie-Claude, selon les déclarations de Fabrice naturellement.

Les gendarmes ont terminé les constatations et leurs prélèvements et ils ont remarqué le tremblement incessant de la main et de l'avant-bras droit de Fabrice durant tout le temps de leur présence dans la maison. Ils l'ont consigné. Avant leur départ, la maison est mise sous scellés pour préserver la scène de découverte du corps et les indices existants pour des prélèvements futurs.

Suicide ? Meurtre ? Assassinat ?

Voilà les questions auxquelles il va falloir répondre. L'orifice à gauche, une suicidée droitière, une arme de poing lourde à canon long, donc difficile à manier ? Il s'agit d'un revolver de marque Colt de type Python et de calibre 357 Magnum qui mesure 29,5 centimètres.

Plus troublant encore, le tir n'est pas à bout touchant, la bouche du canon appuyée sur la tempe de la victime. L'examen de la peau de Marie-Claude révèle au contraire un tir à bout portant (environ cinq centimètres), ce qui n'est pas commun pour un suicide.

L'examen de la trajectoire de la balle interpelle aussi. L'orifice d'entrée de la balle se trouve au niveau frontal gauche et la sortie au niveau occipital droit, ce qui correspond à un tir allant de la gauche vers la droite et du haut vers le bas et qui rend la préhension de l'arme par Marie-Claude particulièrement compliquée pour se suicider.

Le résultat des traces de poudre est sans surprise, il y en a sur Marie-Claude et sur Fabrice, ce qui est normal puisqu'il a tenu l'arme pour la décharger et a tenu la main de Marie-Claude.

Tout ce qui a été trouvé dans la maison est exploité. Il y a des médicaments, mais rien de particulier, une lettre qui fait référence aux dettes qu'avait Marie-Claude quand elle a rencontré Fabrice et à tous leurs efforts pour se constituer un patrimoine. La lettre fait aussi référence à un projet d'adoption de Sandra par Fabrice pour lui assurer le legs de l'intégralité de leur patrimoine commun.

Les gendarmes ont effectué une perquisition le 4 novembre 2019, ils ont saisi un certain nombre de choses (armes, projectiles) dont une bouteille de Volvic qui était sur la table de chevet de Marie-Claude avec un fond de liquide.

L'enquête avance, les conclusions du légiste tombent. Le suicide est possible, mais il n'exclut pas non plus l'action d'un tiers. En effet, la reproduction du tir avec l'arme présentée en salle d'autopsie apparaît impossible avec la main droite, alors que Marie-Claude était droitière, et « peu évidente » de la main gauche.

La toxicologie (analyse du sang et des cheveux de Marie-Claude) ne révèle rien concernant une prise d'alcool ou de stupéfiants, pas plus qu'une prise de médicaments anormale. On retrouve des traces d'un traitement contre la dépression, mais rien de particulier, et l'eau de la bouteille de Volvic ne révèle pas non plus de substances toxiques.

Les enquêteurs ont continué leurs investigations, et ils contactent le médecin de Sandra qui a confirmé son état dépressif avec des « idées noires avec intentionnalité suicidaire ».

Les exploitations des prélèvements ADN effectués sur les armes, les munitions, le coffre et la clé du coffre parviennent aux enquêteurs. Seul élément marquant, la clé du coffre ne révèle que l'ADN de Fabrice, il n'y a pas l'ADN de Marie-Claude.

Lorsque Fabrice est entendu, il n'est pas placé en garde à vue. Le suicide n'est pas évident, mais un meurtre non plus. Fabrice a insisté sur l'état dépressif de Marie-Claude, provoqué selon lui par les difficultés relationnelles entre Marie-Claude et sa fille, mais aussi de violentes douleurs physiques dues à un mal de dos et des céphalées. Pour lui, Marie-Claude avait déjà tenu des propos suicidaires une semaine avant son décès, notamment parce qu'elle n'avait pas été invitée aux vingt ans de sa petite-fille. Il a précisé avoir caché les deux clés du coffre où étaient rangées les armes et que soit Marie-Claude les avait trouvées, soit il avait oublié la clé sur le coffre la veille des faits.

Après son audition, Fabrice va écrire un courrier très précis aux gendarmes, mais aussi au procureur de la République, sur sa version des faits survenus le 28 octobre. Procédé assez peu commun qui, là aussi, a interpellé le procureur et les enquêteurs.

On s'est également intéressé à la famille de Marie-Claude et à ses amis. Pour sa fille Sandra, le suicide par arme à feu est impossible. Sa mère ne savait pas, selon elle, se servir d'une arme. Et puis, il y avait ce rendez-vous pour déjeuner le jour même et ce message étrange qu'elle a reçu le matin de la mort de sa mère : « Je n'ai pas dormi de la nuit, je ne viendrai pas te voir, tu me fais trop de mal, j'en ai marre de la vie », suivi d'un échange de messages entre elles avec un dernier message reçu disant : « Tu es la même que ton père ! » Jamais sa mère ne lui avait dit une telle chose. Entre cinq et dix minutes après ce dernier message, Fabrice l'a appelée pour lui annoncer le décès de sa mère. Elle explique aussi qu'en 2018, Fabrice avait voulu lui faire accepter un projet notarial d'adoption et de préciput[27] pour qu'elle hérite de tout le patrimoine de sa mère après son décès à lui s'il venait à mourir après sa mère. Mais après s'être renseignée auprès de son propre notaire, elle apprend que ce projet n'avait manifestement qu'une seule vocation, la déshériter. Son refus avait alors entraîné des tensions importantes entre elle, sa mère et Fabrice. Sandra complétera par la suite ce témoignage en ajoutant qu'elle avait été surprise des larmes de son beau-père à l'enterrement de sa mère, lui qui était très froid et qui d'ailleurs n'avait même pas pleuré à l'enterrement de son propre grand-père. Elle précise aussi qu'en réalité, Fabrice lui avait déjà avoué avoir eu des relations extra-conjugales et qu'il y avait eu une séparation du couple de plusieurs mois quelques années auparavant. Fabrice avait alors quitté la maison pour vivre avec une autre femme. Enfin, elle donne aux enquêteurs un enregistrement effectué à l'insu de Fabrice et dans lequel celui-ci lui faisait comprendre que le geste de sa mère était de sa faute. Dans cet enregistrement, Fabrice précisait que les gendarmes n'avaient rien contre lui concernant la mort de Marie-Claude.

27. Avantage consistant pour un héritier qui bénéficie d'un legs de retenir le bien légué en plus de sa part, sans le faire réintégrer dans l'assiette successorale lors du partage de la succession.

La personnalité de Fabrice va naturellement intéresser de plus en plus les enquêteurs qui vont alors interroger les membres de la famille de Marie-Claude au sens large du terme (petits-enfants, sœur, ex-mari, etc. ?) et des amis du couple. Il en ressort des traits de personnalité assez peu flatteurs pour Fabrice : manipulateur, parfois violent, mais pas avec Marie-Claude, particulièrement matérialiste et intéressé par l'argent et aussi coureur. Mais ce qui va encore plus étonner les enquêteurs, ce sont les appels de certains témoins comme Séverine notamment, ex-voisine et amie du couple, qui les contacte spontanément et, sans qu'on lui pose aucune question, fait savoir d'emblée que le décès de Marie-Claude est de la faute de sa fille Sandra et qu'elle est convaincue qu'un jour ou l'autre, vu son état dépressif, Marie-Claude allait mettre fin à ses jours. Étonnant encore, une autre amie du couple, Marie-Paule, fait savoir aux gendarmes que Fabrice lui a demandé, avant qu'elle soit interrogée, de confirmer que Marie-Claude était dépressive alors que pour elle, Marie-Claude n'avait pas le comportement de quelqu'un de dépressif. Plusieurs amis ont même expliqué qu'elle allait de mieux en mieux avant de mourir, qu'elle avait moins de douleurs au dos, qu'elle avait changé de voiture, acheté une petite chienne en 2019, changé tout son mobilier, refait sa véranda et fait des soins esthétiques qui l'avait « rajeunie de dix ans », et qu'elle avait plein de projets dont celui d'un voyage à Londres avec ses petites-filles. Bref, ils ont dressé le portrait d'une femme qui ne collait pas à celui d'une femme suicidaire, même si l'ombre au tableau était la relation avec sa fille, cela devait manifestement changer le 28 octobre, date prévue de leurs retrouvailles familiales.

Ces propos seront confirmés par l'étude des messages contenus dans le téléphone portable, mais aussi dans l'ordinateur de Marie-Claude. Rien qui ne permettait de caractériser la moindre tendance suicidaire de Marie-Claude, bien au contraire. On a trouvé des messages datant de la veille des faits avec certaines de ses amies où elle expliquait à quel point elle était heureuse de déjeuner avec sa fille et ses petites-filles le 28 octobre, mais aussi son intérêt pour la recherche de lieux de villégiature en Andalousie ou en Corse pour Noël. Bref, ces messages étaient en complète opposition avec ceux échangés avec Sandra le matin du 28 octobre et qui, pour Sandra, c'est certain, ont été écrits par Fabrice. Enfin, la plupart des témoins étaient d'accord sur un point précis : Marie-Claude avait « horreur des armes » et elle ne savait pas s'en servir.

Suite à des informations parvenues aux enquêteurs et communiquées par Sandra après des recherches sur Facebook, mais aussi après une lettre anonyme : « Meurtre de Trevenans, le mari a une maîtresse tout près de chez lui ». On va effectivement retrouver la fameuse maîtresse, une certaine Isabelle, avec qui Fabrice entretient une relation suivie depuis plus de quatre ans. Elle a déjà été entendue durant l'enquête, mais elle n'a pas parlé de cette relation, bien au contraire, elle s'est présentée comme une amie intime de Marie-Claude. Réentendue, elle avoue avoir menti et caché cette relation adultère, pour ne pas nuire à Fabrice, mais reconnaît qu'ils ont commencé à vivre ensemble depuis janvier 2020, sachant que le 29 octobre au soir, Fabrice a passé la nuit avec elle, juste après la mort de Marie-Claude ! On a trouvé une autre maîtresse, plus occasionnelle celle-ci, Djamila, qui a confirmé une liaison en juin 2019 avec Fabrice et qui a évoqué que Fabrice lui avait confié que son épouse était dépressive et fragile et qu'il avait peur « qu'elle fasse une bêtise » et « de la retrouver morte à son retour à son domicile ».

Fabrice s'est-il alors débarrassé de son épouse devenue gênante ? A-t-il voulu avoir la liberté d'un veuf en conservant la mainmise sur le patrimoine de sa femme ? Le patrimoine est d'ailleurs plutôt confortable :

Une maison d'une valeur estimée à 400 000 € et, en cas de décès, l'usufruit pour le conjoint survivant et la nue-propriété pour sa fille Sandra.

Trois voitures d'une valeur de 75 000 €.

Un compte joint et des comptes épargnes pour une valeur de 400 000 €.

Des revenus pour le couple de 3750 € par mois.

Une assurance vie de 195 000 € chacun, avec pour bénéficiaire le conjoint survivant.

Ce qui ressort aussi, ce sont les efforts réalisés depuis 2017 par Fabrice pour tenter de déshériter légalement sa belle-fille, Sandra, mais qui n'ont pas pu aboutir en raison de l'opposition de Sandra concernant les montages proposés, suite aux conseils avisés de son propre notaire, au désespoir de Fabrice.

Et puis, les gendarmes ont vérifié les données techniques enregistrées de l'application de santé Google Fit de l'iPhone de Fabrice, et là, surprise. Il a très clairement menti. Il avait affirmé aux enquêteurs qu'il était rentré chez lui le 27 octobre à 20 h et qu'il s'était couché vers 1 h du matin. Puis qu'il avait dormi jusqu'à 7 h 45 sans s'être levé durant la nuit et, enfin, après s'être réveillé, qu'il était resté dans la partie basse de la maison, donc loin de la chambre à coucher où on avait trouvé Marie-Claude morte. Selon lui, il n'était monté à l'étage qu'après avoir entendu le coup de feu.

C'est faux. C'est objectivement faux. L'application ne « dit » pas du tout ça. En réalité, il s'est manifestement réveillé à 4 h 57 et il a parcouru plusieurs dizaines de mètres, mais surtout, il est monté et descendu à plusieurs reprises entre 5 h 02 et 7 h 33. Les dernières montées à l'étage ont été enregistrées à 8 h 29 et 8 h 45 ! Au contraire de ce qu'il a déclaré, il a très bien pu se trouver dans la chambre conjugale au moment du tir, et il était bien à l'étage quand Marie-Claude lui aurait adressé son message d'adieu par SMS à 8 h 41.

Enfin, certains témoins réentendus, et qui avaient parlé de Marie-Claude comme étant suicidaire, se sont rétractés en précisant aux enquêteurs : « Je pense qu'il m'a manipulé en me faisant croire que sa femme était suicidaire et en me faisant dire qu'elle était dépressive. Il me disait tout le temps que tout était la faute de Sandra. » Oui, Fabrice a manipulé un certain nombre de témoins et on s'est rendu compte qu'il en a contacté certains, avant et après leur audition, pour s'assurer de ce qu'ils allaient dire aux enquêteurs et surtout de ce qu'ils avaient effectivement déclaré dans leur audition.

Pour les enquêteurs, le procureur de la République et le juge d'instruction, c'est clair, l'hypothèse du suicide ne tient pas et Marie-Claude a manifestement été tuée par Fabrice qui s'est débarrassé d'elle pour vivre confortablement la vie qu'il souhaitait vivre avec sa maîtresse. Il faut le prouver. Il n'y a pour l'instant que des indices et une intuition très forte en ce sens. On va donc passer à la phase de la garde à vue de Fabrice qui, pour l'instant – on est en novembre 2020 –, n'a jamais été entendu qu'en audition libre, en tant que témoin. Un an et un mois après la mort de Marie-Claude, Fabrice est placé en garde à vue pour 48 heures. Les enquêteurs possèdent plusieurs avantages sur Fabrice. Un an et un mois après la mort de Marie-Claude, Fabrice ne s'attendait pas forcément à être placé en garde à vue et puis, surtout, il ne connaît rien à la garde à vue. Quarante-huit heures, c'est long et psychologiquement très déstabilisant, même pour des esprits retors.

Durant les deux premières auditions, Fabrice a tenu bon et n'a rien concédé aux enquêteurs. Mais, à la troisième audition, il s'est effondré. Juste avant cette troisième audition, le frère et la mère de Fabrice qui étaient eux aussi présents dans les locaux de la gendarmerie ont eu l'autorisation de lui parler. Juste après cet entretien, il a avoué aux enquêteurs que c'est bien lui qui a tiré sur Marie-Claude, mais qu'il est incapable de donner des détails sur ce qu'il a fait. Il admet aussi qu'il est possible qu'il se soit envoyé lui-même le message d'adieu de Marie-Claude, dans la panique, à 8 h 41. Sa propre mère va confirmer ces aveux qu'il a faits auprès d'elle et de son frère avant sa troisième audition, tout comme elle va préciser que Marie-Claude n'était pas du tout suicidaire et que ce qui la faisait déprimer était uniquement en lien avec les douleurs physiques qu'elle ressentait, mais qu'en dehors de cela, c'était une femme plutôt enjouée.

Fabrice a donc été présenté au juge d'instruction pour être mis en examen pour l'assassinat de Marie-Claude. Il n'a fait aucune déclaration comme la loi l'y autorise, il a exercé ce qu'on appelle son « droit au silence[28] ».

Il est présenté au juge des libertés et de la détention en vue de son incarcération provisoire et là, à la surprise générale, il va faire une déclaration saisissante, en présence de son conseil, qui sera reprise par le juge des libertés dans son ordonnance de placement en détention provisoire : « Le fait d'avoir posé des aveux me permet de faire le deuil de mon épouse et d'avancer dans la vie. J'entends par le travail. Je n'ai pas assumé les choses à ce moment-là. J'ai fait quelque chose que je ne voulais pas, qui m'a échappé, mais je détaillerai cela au juge d'instruction. » Dont acte.

Fabrice sera réentendu le 14 décembre 2020, ce qui lui a laissé le temps de la réflexion, mais aussi le temps de prendre connaissance de son dossier et des éléments à charge qu'il y a contre lui.

28. Le droit au silence en garde à vue est prévu à l'article 63-1.3° du Code de procédure pénale. Le droit au silence est étroitement lié à la présomption d'innocence, qui implique que toute personne est présumée innocente jusqu'à ce que sa culpabilité soit prouvée au-delà de tout doute raisonnable.

Après avoir contesté en garde à vue puis avoué, il va enfin livrer une nouvelle version. Il explique que Marie-Claude, angoissée à l'idée de revoir sa fille, n'avait pas trouvé le sommeil. À 8 h 33, elle lui a demandé d'aller ranger un certain nombre de choses dans le garage. Il se souvenait parfaitement de l'heure parce qu'il avait regardé l'horloge du four de la cuisine. Trois minutes plus tard, son épouse l'avait appelé, il était remonté et l'avait trouvée allongée sur le lit, tenant une arme de ses deux mains au-dessus de son front. Il a déclaré : « Je lui ai dit : "Je suis là." Et Marie-Claude m'a répondu : "Oui, il faut que tu sois avec moi." Je me suis approché, j'ai aussitôt mis ma main gauche sur l'arme pour protéger le chien qui était armé et je l'ai rassurée en lui disant que j'étais là. Elle m'a dit : "Merci d'être là." J'ai pu enlever sa main gauche de l'arme qu'elle tenait de ses deux mains. Ensuite, je lui ai dit de lâcher doucement l'arme, et que j'étais avec elle. Tout se passait bien. Elle tenait toujours l'arme de sa main droite et j'ai pu, avec ma main gauche, lui libérer la main droite. Au moment où j'ai pu enfin mettre ma main sur la crosse de l'arme, elle a fait un mouvement avec sa main droite et le coup est parti. J'étais en sanglots. » Pour le message de 8 h 41 ? Il n'a pas reconnu se l'être envoyé, il a changé là aussi sa version. Il a le droit de dire ce qu'il veut, mais la cour d'assises appréciera. Le juge d'instruction lui a demandé pourquoi il a reconnu les faits en garde à vue, pourquoi il a reconnu s'être envoyé à lui-même le message de 8 h 41 ?

La pression des gendarmes ! Le problème c'est que ses auditions ont été filmées et que si des pressions étaient survenues, on l'aurait constaté en regardant les vidéos. Curieusement, Fabrice ne l'a pas demandé.

En parallèle, le juge d'instruction a complété l'enquête, notamment en s'intéressant aux échanges téléphoniques entre Fabrice et sa maîtresse Isabelle. Très clairement, les messages sont univoques. Isabelle attendait que Fabrice se sépare de Marie-Claude. Visiblement, il lui annonçait que ce n'était qu'une question de temps, qu'elle devait être patiente, et manifestement le couple entendait s'installer dans la maison de Fabrice et Marie-Claude, une fois Marie-Claude partie. Isabelle connaissait-elle le projet criminel de Fabrice ? Rien ne permettait de l'affirmer avec certitude.

Concernant la relation entre Sandra, ses filles et Marie-Claude, les choses vont apparaître plus compliquées que ce qu'avait raconté Fabrice. Les échanges de messages retrouvés dans le cadre de l'exploitation technique de l'ordinateur de Marie-Claude ont permis au contraire de voir que les liens affectifs n'avaient jamais été rompus entre elles, l'année précédant son décès. En effet, on a trouvé plusieurs échanges de messages entre elles, notamment un échange entre une de ses petites-filles et Marie-Claude qui explique à sa grand-mère qu'elle ne peut pas venir chez elle car sa mère, Sandra, avait peur que Fabrice lui fasse du mal, comme à elle. Il y a enfin ce message où Marie-Claude explique à Sandra qu'elle s'est trompée et qu'elle regrette profondément de lui avoir proposé ce qu'elle pensait être pour son bien au niveau patrimonial (le projet de Fabrice). En réalité, il est apparu que Sandra et ses filles avaient bien conservé des relations avec Marie-Claude, mais aussi que cette dernière regrettait de lui avoir proposé le projet mis en place par Fabrice pour la déshériter, elle et ses filles.

Le mobile est donc double dans cet assassinat et il apparaît parfaitement dans son aspect crapuleux au travers d'un message envoyé par Fabrice à son notaire et qu'on a retrouvé dans son ordinateur, daté du 20 décembre 2017 : « Pourriez-vous nous indiquer quel serait le moyen que je puisse conserver mes actifs en cas de décès de mon épouse, et surtout avoir la possibilité de vendre la maison sans en donner la moitié. J'ai cinquante-deux ans et je ne veux pas devoir être réduit à la moitié de mes biens en cas de décès de mon épouse. »

Une reconstitution va intervenir, particulièrement attendue, pour pouvoir mettre en situation concrète les déclarations de Fabrice, et notamment sa troisième version. À l'issue de la reconstitution, le scénario du tir réalisé par Marie-Claude apparaît très peu probable. Mon associé, maître Jérôme Pichoff, qui assiste Sandra, fait remarquer un point essentiel : le doigt de Marie-Claude, si l'on suit la version de Fabrice, était dans un sens opposé à la détente, c'est-à-dire, pour être le plus clair possible, la pulpe du doigt vers l'anneau et non vers la queue de détente. Autant dire que la thèse du suicide ou de l'accident de tir apparaît peu probable sur le plan de la balistique et médical, voire presque… impossible.

C'est dans ces conditions que le dossier d'instruction va être clôturé et faire l'objet d'un renvoi devant la cour d'assises de la Haute-Saône pour que Fabrice y soit jugé pour l'assassinat de Marie-Claude.

Le procès : Narration de Jérôme Pichoff, avocat associé au sein du cabinet Sylloge, qui raconte l'audience à la cour d'assises

Bien que l'enquête de gendarmerie réalisée par le commandant Ciavaldini ait été réalisée avec une grande compétence professionnelle et que les éléments à charge recueillis à l'encontre de Fabrice F. aient été nombreux, j'appréhendais néanmoins le déroulement du procès d'assises qui se tenait alors à Vesoul et où il m'appartient d'assister les victimes de l'affaire, à savoir Sandra, la fille, les petites-filles ainsi que les frères et sœurs de feue Marie-Claude.

Cette légère appréhension de ma part tenait dans le fait que Fabrice avait démontré, pendant tout le temps de l'instruction, ses capacités à s'adapter de manière constante aux éléments à charge qui lui étaient opposés ainsi qu'à réussir à manipuler son entourage et certains témoins, afin de servir sa cause.

Je savais donc que je devrais affronter un accusé intelligent et capable d'adaptation tout au long de son procès, pendant lequel il était défendu par deux avocats tout à fait compétents, maîtres Julien Robin et Jean-Charles Darey.

Néanmoins, j'avais le sentiment que Fabrice avait bien l'intention d'assurer lui-même en grande partie sa défense, ainsi qu'il l'a prouvé tout au long de l'instruction, en prenant contact avec certains témoins, en dissimulant aux enquêteurs les éléments qui lui posaient difficulté et en adaptant sa dernière version des faits au dernier rapport d'expertise balistique qui était versé au dossier.

Au vu de la reconstitution criminelle qui s'était déroulée pendant l'instruction, j'ai deviné que Fabrice avait étudié dans le moindre détail son dossier pénal, et serait à même d'en maîtriser parfaitement la teneur au cours des débats, notamment sur le plan balistique au regard de ses connaissances de tireur sportif.

Compte tenu des qualités et des défauts de l'accusé, il m'est donc apparu pertinent de chercher à le confronter en priorité à ses mensonges pendant l'enquête, tant auprès de certains témoins que des enquêteurs, plutôt que de chercher à le mettre en difficulté sur le plan balistique et technique où j'avais pu remarquer son aisance à apporter des réponses face à son contradicteur.

Il était prévu que les débats se tiendraient pendant cinq jours, de sorte que le combat se ferait dans la durée, sous forme de marathon judiciaire, et promettait d'être intense, dès lors que l'accusé n'avait pas l'intention de reconnaître sa culpabilité et de rendre les armes.

En effet, j'étais persuadé qu'après avoir fait des demi-aveux pendant sa garde à vue dans un moment de faiblesse face aux gendarmes, Fabrice ne renouvellerait pas cette erreur lors de son procès et contesterait sa culpabilité jusqu'au bout, en espérant ainsi sauver sa peau devant la cour d'assises, en laissant planer le doute quant à un éventuel suicide de la victime dont l'aspect dépressif n'était pas une fiction.

C'est pourquoi j'ai demandé alors à mon associé, maître Jules Briquet, de m'accompagner dans ce procès, afin d'assurer la défense des intérêts des victimes dans les meilleures conditions possible, sachant par avance que le combat serait rude.

La combativité de Fabrice F. pendant tout son procès, ainsi que la durée des débats judiciaires, avec des journées types commençant à 9 h pour s'achever à minuit, durant cinq jours, ne m'ont pas fait regretter ce choix, tant le concours de maître Briquet a été précieux tout au long du procès pour tenter de démontrer la culpabilité de Fabrice F. devant la cour.

J'ai également fait cause commune avec l'accusation pendant ce procès, incarnée par Madame Cindy Bernard dans le rôle de l'avocat général, dont la parfaite connaissance du dossier d'instruction et les interventions pertinentes se sont avérées tout à fait utiles dans l'œuvre de justice menée à l'encontre de l'accusé pour aboutir à sa juste condamnation.

Dès le début du procès, Fabrice F. a annoncé clairement son intention de contester farouchement les accusations portées à son encontre, se présentant dans la posture de l'innocent accusé à tort, qui pleure sa défunte épouse, tout en citant par cœur les cotes de son dossier pénal qu'il connaissait parfaitement.

À l'occasion de l'intervention du gendarme ayant réalisé les premières constatations sur la scène de crime, notre première passe d'armes s'est déroulée.

En effet, le gendarme primo-intervenant, c'est-à-dire arrivé en premier sur les lieux du crime, s'est permis d'indiquer à la cour d'assises que les pleurs de l'accusé devant la dépouille de sa défunte épouse lui avaient paru forcés et ne l'ont donc guère convaincu.

L'avocat de Fabrice F. lui a alors fait grief de ses impressions subjectives livrées à la cour d'assises à l'encontre de l'accusé, ce qui m'a amené à intervenir pour rappeler qu'en termes de sincérité quant aux pleurs de Fabrice F. devant la victime, celui-ci n'a pas manqué d'adresser un SMS à sa maîtresse, Isabelle R., dès 9 h 20 alors que son épouse venait de décéder depuis quelques dizaines de minutes seulement. En termes d'émotion sincère face à la perte de son épouse, il était permis de s'étonner d'une telle promptitude à envoyer un message à sa maîtresse afin de partager avec elle cette triste nouvelle.

Est arrivé à la barre, pour déposer, le major Ciavaldini, directeur d'enquête, commandant de la brigade de recherches de la gendarmerie, qui est venu présenter le fruit de ses investigations aux jurés de la cour d'assises.

Sa présentation de l'affaire et du rôle joué par Fabrice F. dans l'assassinat de son épouse a été aussi précise que redoutable à l'encontre de ce dernier. En effet, le major Ciavaldini a utilisé le terme d'exécution pour dépeindre la scène de crime reprochée à Fabrice et qui a entraîné le décès de Marie-Claude.

Le major Ciavaldini a notamment insisté sur le comportement étonnant de l'accusé tout au long de l'enquête qui, au gré des écoutes téléphoniques, a passé son temps à se moquer du travail réalisé par les gendarmes qui, selon lui, s'acharnaient à tort sur sa personne et seraient des incapables.

C'est ainsi que Fabrice F. va se mettre dans une position de confrontation directe avec le directeur d'enquête pendant les investigations, comme s'il estimait devoir l'affronter sur le ring de l'enquête, en tentant ainsi de démontrer la supériorité de son intelligence sur celle des enquêteurs, ce qui traduisait par ailleurs, son excès de narcissisme et sa volonté permanente de démontrer sa supériorité sur autrui.

C'est d'ailleurs cet acharnement narcissique à démontrer sa supériorité pendant l'enquête et à tenter de manipuler les investigations qui, finalement, entraînera sa perte sur le plan judiciaire.

Le major Ciavaldini a également rappelé les efforts déployés par Fabrice F. pour tenter de dissimuler aux gendarmes l'existence de sa relation adultère avec Isabelle R. par tous les stratagèmes possibles, ainsi que la complicité de certains témoins.

Il a évoqué aussi toutes les démarches déployées par l'accusé pour tenter d'orienter les témoins dans leurs déclarations avant leur audition à la gendarmerie, pour ensuite les recontacter, postérieurement à leur audition, afin de s'assurer de la teneur de leurs déclarations et du bon déroulement de l'enquête selon lui.

Le major Ciavaldini a en outre rappelé de manière savoureuse que l'accusé n'avait pas hésité à inventer l'existence d'un gendarme à Colmar prétendument de ses amis, et qui l'aurait soi-disant tenu au courant du déroulement de l'enquête pendant les investigations, cette fiction lui servant à rassurer les témoins de son entourage pour leur indiquer que l'enquête se déroulait très bien et démontrait qu'il était innocent de tout crime.

L'invention de cet ami imaginaire, gendarme à Colmar participant soi-disant aux investigations, démontrait au passage l'imagination fertile de l'accusé, sa propension à mentir à son entourage pour manipuler celui-ci, et ce par tous les moyens possibles.

Le major Ciavaldini a décrit également par le menu l'attitude odieuse de l'accusé qui n'avait pas hésité à préparer son entourage au futur pseudo-suicide de son épouse en indiquant à ses proches que la victime était dépressive et suicidaire et qu'il s'attendait au pire, tout en accablant par ailleurs, postérieurement à son décès, sa fille qu'il tentait de rendre coupable, à sa place, du trépas de la victime.

Cette manière de reporter le poids de la culpabilité du décès de Marie-Claude sur sa fille Sandra constitue certainement l'un des aspects les plus odieux de cette affaire, lorsque l'on sait qu'en réalité, c'est bien l'époux de la victime qui l'a assassinée froidement pour des motifs matérialistes et passionnels.

La déposition du directeur d'enquête a constitué en soi un véritable réquisitoire à l'encontre de Fabrice F., au cours duquel les éléments à charge ont ainsi été présentés aux jurés.

Cette déposition a notamment permis de mesurer le temps considérable passé par le directeur d'enquête dans la réalisation des investigations destinées à confondre Fabrice F. malgré ses stratagèmes, et notamment sa connaissance très fine de la psychologie de l'accusé acquise au fur et à mesure des écoutes téléphoniques d'une durée considérable où il a notamment entendu Fabrice dans ses œuvres.

On a pu percevoir à ce moment du procès à quel point Fabrice F. n'avait toujours pas digéré le fait que le major Ciavaldini ait réussi à obtenir de lui des aveux, même partiels, au cours de sa garde à vue, après qu'il s'était entretenu avec sa mère et son frère, seul moment de faiblesse de l'accusé au cours de la procédure.

Les avocats qui assuraient la défense de Fabrice F. ont bien tenté, à sa demande, de faire annuler les procès-verbaux de l'audition au cours de laquelle Fabrice a présenté ses aveux partiels aux enquêteurs, mais cette démarche n'a pas abouti sur le plan procédural, la chambre de l'instruction de la cour d'appel de Besançon ayant considéré que la procédure était tout à fait régulière et que les gendarmes l'avaient respectée lors de la garde à vue de Fabrice F. en lui proposant d'être assisté par un avocat au moment de ladite audition, ce qu'il a décliné.

Dans ces conditions, il n'était plus possible sur le plan procédural de contester la régularité de ses aveux faits en garde à vue, que d'ailleurs l'accusé n'avait pas immédiatement rétractés lors de son audition ultérieure, cette fois-ci en présence de son avocat à la gendarmerie.

Le procès a donné lieu ensuite au défilé des différents témoins de l'entourage de Marie-Claude. Certains de ces témoins ont exposé à la cour d'assises le fait qu'ils ne croyaient pas à un prétendu suicide de Marie-Claude, malgré ses problèmes de santé, dès lors qu'elle semblait aller mieux. D'autres témoins, en revanche, étaient plus réservés et considéraient que cette hypothèse suicidaire était possible.

Dans ces moments-là du procès, on a mesuré à quel point chaque témoin était porteur de sa subjectivité, tout en étant sincère dans sa perception de la réalité, de sorte que la vérité judiciaire ne saurait émerger dans un sens ou dans l'autre dans ce type de témoignage.

L'intérêt de certains de ces témoins amicaux résidait davantage dans le fait que Fabrice F. avait insisté afin de les convaincre du caractère suicidaire de la victime avant qu'ils aillent voir les gendarmes, celui-ci tenant particulièrement à leur rafraîchir la mémoire afin de s'assurer de la qualité de leur témoignage, à décharge bien évidemment.

Au gré du ballet de ces témoins est survenu alors un grain de sable, à savoir un témoin qui n'avait jamais été entendu pendant la procédure d'instruction, présenté à la demande de la défense, Madame Bernadette B.

Celle-ci a alors indiqué aux jurés devant la cour d'assises qu'elle avait rencontré la victime deux jours avant sa disparition et que celle-ci lui avait clairement manifesté ses intentions suicidaires.

Ce témoignage pouvait alors poser une réelle difficulté pour l'accusation, dès lors que malgré les éléments matériels à charge il pouvait mettre le doute, dans l'esprit des jurés, quant à la réalité des intentions suicidaires de la victime, telles que présentées par ce témoin.

J'ai bien évidemment tenté de l'interroger afin de comprendre pourquoi ce témoin n'avait jamais été entendu durant l'enquête et ne s'était donc pas manifesté auprès des gendarmes, alors même que ceux-ci avaient reçu les confidences de la plupart des amis de la victime.

Celle-ci a justifié son absence d'audition pendant l'enquête de manière assez peu convaincante, de sorte que je me suis intéressé alors aux échanges qu'elle avait pu avoir avec l'accusé pendant les investigations.

Au gré d'une petite phrase sibylline, Bernadette B. a confié alors à la cour d'assises, aux termes de son témoignage, qu'elle avait échangé par courrier avec l'accusé. Compte tenu des manœuvres déployées par Fabrice F. pendant l'enquête pour manipuler les témoins, il était alors particulièrement intéressant de connaître la teneur des échanges épistolaires entre celui-ci et le témoin, Bernadette B.

C'est dans ces conditions que j'ai alors demandé au président de la cour d'assises de solliciter du témoin la production des courriers échangés avec l'accusé afin d'en appréhender la teneur exacte et de savoir si celle-ci avait été orientée ou manipulée dans son témoignage par l'accusé. C'est ainsi que la cour a pu prendre connaissance, quelques jours plus tard, des courriers échangés au mois de mai 2023 entre Fabrice F. et le témoin Bernadette B., et ce à l'initiative de l'accusé.

Aux termes de son premier courrier du 13 mai, Fabrice F. ne manquait pas de présenter au témoin Bernadette B. sa version des faits toute personnelle afin de le convaincre de son innocence et de lui demander de dire la vérité en ces termes : « Merci de m'aider simplement et dire la vérité sur l'état suicidaire de Marie-Claude deux jours avant son décès. »

Il ressortait ainsi clairement de ce premier courrier adressé au témoin que Fabrice F. lui donnait connaissance de sa version des faits criminels dont il se disait innocent, mais suggérait également au témoin d'affirmer qu'elle avait rencontré la victime deux jours avant et que celle-ci lui avait confié ses intentions suicidaires.

Aux termes d'un second courrier en date du 23 mai 2023, Fabrice F. « enfonçait le clou » en présentant, en six pages détaillées, sa version précise, mais également tous les griefs qu'il avait à l'encontre des enquêteurs et du juge d'instruction qui avaient le tort de ne pas croire en son innocence.

La production de ces courriers échangés entre l'accusé et le témoin avant le procès et les éléments de suggestion qui apparaissaient dans lesdits courriers permettaient de battre en brèche la qualité de ce témoignage suggéré et fort peu spontané, ce qui devait finalement se retourner contre l'accusé lui-même, confondu une fois de plus dans ses manipulations incessantes à l'égard des témoins, et ce jusqu'au procès d'assises.

Cela a fait partie de ces moments clés d'un procès où le grain de sable survient et où, pour l'avocat, il convient de pouvoir réagir de manière immédiate à cette difficulté imprévue en tentant d'y faire face, afin qu'elle ne vienne pas polluer le débat judiciaire et parasiter la réflexion des jurés et la manifestation de la vérité.

Si ces courriers échangés entre l'accusé et le témoin Bernadette B. n'avaient pas été versés aux débats, qui sait quelles auraient pu être les conséquences de ce témoignage dans l'esprit des jurés auxquels on venait d'annoncer que le suicide aurait été présenté par la victime elle-même deux jours avant son décès ?

Fort heureusement, la teneur des courriers démontrait le caractère non spontané de ce témoignage isolé, jamais apparu au cours des investigations et présenté fort tard devant la cour d'assises à titre d'effet de surprise, en vain.

La suite du procès a amené les débats à se porter sur les expertises balistiques et médico-légales, cœur technique du débat judiciaire.

Le médecin légiste est venu alors confirmer ses conclusions sur le caractère relativement inhabituel de ce geste prétendu suicidaire, dès lors que le tir n'était pas à bout touchant mais à bout portant. Afin d'être clair, le tir suicidaire se fait habituellement à bout touchant, c'est-à-dire que le canon de l'arme est posé contre la tête de la victime, ce qui produit une brûlure sur la peau de celle-ci au niveau du canon, avec une auréole caractéristique. En l'espèce, cette auréole de brûlure n'était pas présente sur la peau de la victime, ce qui permettait de démontrer qu'il s'agissait d'un tir réalisé à bout portant, c'est-à-dire à une très courte distance entre l'arme et la tête de la victime, et non à un tir à bout touchant.

L'expertise ADN a permis notamment de mettre en relief le fait que l'ADN de Marie-Claude n'avait pas été retrouvé sur la clé du coffre dans lequel se trouvait l'arme du crime, alors même que dans l'hypothèse du suicide prétendu, on ne voit pas pourquoi celle-ci n'aurait pas laissé son ADN sur la clé de son coffre en allant chercher l'arme lui ayant servi à se suicider.

En revanche, l'ADN de Fabrice F. était bien présent sur la clé du coffre qu'il a dû manipuler afin d'aller chercher le revolver 357 Magnum qu'il a utilisé ensuite pour assassiner sa victime endormie.

L'expert en balistique est venu également présenter ses travaux devant la cour d'assises afin notamment d'indiquer que le tir mortel pouvait résulter soit de l'intervention d'un tiers, soit d'un geste suicidaire de la victime qu'il ne pouvait pas écarter de manière absolue.

Sur question de ma part, l'expert en balistique a précisé néanmoins que c'était la seule fois de sa carrière qu'il constatait que l'impact du tir était à l'opposé de la main directrice de la victime, à savoir un tir ayant touché la partie gauche du front, alors même que la victime est droitière, ce qui apparaît contraire à une certaine logique en matière de geste suicidaire.

Plus intéressant, l'expert en balistique a fait remarquer qu'il n'avait relevé aucune trace de suie sur les mains de Marie-Claude, alors même que l'usage d'une arme à feu de type revolver dans ces conditions aurait dû en principe laisser de telles traces sur l'une des mains de la victime. Là encore, de telles constatations permettaient de s'interroger sur le mécanisme mortel qui avait conduit au décès de Marie-Claude.

L'expert en balistique a également rappelé ses rapports successifs au cours de l'instruction, ce qui permettait de constater que Fabrice F. avait adapté sa dernière version des faits ayant conduit au décès de Marie-Claude selon lui à la teneur du rapport d'expertise balistique afin que cette dernière version de l'accusé soit en adéquation avec la teneur de ce rapport.

C'est ainsi que la dernière version présentée par Fabrice F. pendant l'instruction et au procès ne pouvait pas être totalement réfutée par l'expertise balistique versée au dossier.

En réalité, grâce à ses connaissances balistiques de tireur sportif, Fabrice F. avait réussi à construire sa dernière version des faits en prenant en considération les éléments de l'expertise balistique afin que sa version corresponde à cette expertise dont il avait pris connaissance et qu'on ne puisse pas ainsi lui reprocher de soutenir une version des faits incompatible avec les constatations techniques de l'expert.

C'est pourquoi je savais que je ne pourrais pas démontrer la culpabilité de Fabrice F. sur la seule base de l'expertise balistique ou de l'expertise médico-légale, dès lors que sa version soutenue au procès n'était pas totalement contredite par les constatations des experts. Et pour cause, j'avais face à moi un accusé suffisamment intelligent et compétent sur le plan technique pour avoir construit sa version en prenant en considération les expertises balistiques et médico-légales.

La clé de l'accusation devait donc reposer sur d'autres leviers, et notamment les mensonges, les actes de manipulation et les entraves à l'enquête de Fabrice F.

Après le passage des experts est venu le tour du technicien en identification criminelle qui a notamment exposé les différences ayant existé entre les versions livrées par Fabrice F. au cours de l'instruction et en fonction des expertises versées au dossier : lui aussi s'étonnait du fait que l'on n'ait pas retrouvé de trace de suie sur les mains de la victime, malgré un prétendu geste suicidaire, venant en cela confirmer les déclarations de l'expert en balistique.

Sur le plan des investigations techniques, les débats ont porté alors sur l'exploitation de la téléphonie, et notamment des conversations échangées entre Fabrice F. et sa maîtresse Isabelle R. avant les faits d'assassinat. Conversations qui avaient été en grande partie effacées à l'initiative de l'accusé, mais qui avaient pu être reconstituées grâce à l'expertise technique réalisée à la demande du juge d'instruction.

Ces échanges de messages étaient particulièrement édifiants et permettaient de réaliser l'intensité des sentiments entre Fabrice F. et sa maîtresse, mais également la volonté de ses amants cachés d'envisager leur futur sans la présence de Marie-Claude.

Morceaux choisis :

Messages échangés entre Fabrice F. et Isabelle R. :

- « Patiente un peu pour notre avenir »
- « Parfait mon cœur… envoie-la chier une bonne fois pour toutes »
- « Ça vaut la peine d'attendre un dernier petit coup, mon amour »
- « Je t'aime à l'infini et j'ai tout quitté pour une vie meilleure avec toi »

La teneur de ces messages a produit un effet néfaste à l'encontre de Fabrice F., notamment quand celui-ci discutait avec sa maîtresse de la future décoration intérieure de sa maison d'habitation, alors que celle-ci constituait encore son domicile conjugal.

L'arrivée dans les débats du témoignage d'Isabelle R., maîtresse de l'accusé au moment des faits, a constitué un moment particulièrement attendu. Celle-ci est apparue particulièrement fragile sur le plan psychologique, prise dans une relation sentimentale avec l'accusé excluant toute objectivité et tout discernement sur son passage à l'acte criminel.

La teneur des messages échangés entre eux tant avant qu'après les faits, ainsi que la complicité déployée par Isabelle pour dissimuler leur relation aux enquêteurs, ont permis de s'interroger à ce moment des débats sur la connaissance que pouvait avoir Isabelle des projets criminels de son amant.

Il est apparu particulièrement scandaleux qu'Isabelle se soit présentée aux gendarmes lors de sa première audition en tant qu'amie et confidente de la victime, Marie-Claude, alors qu'en réalité, elle n'était que la maîtresse de son époux et n'entretenait pas de relation amicale directe avec celle-ci.

C'est d'ailleurs en se présentant faussement en tant que confidente de la victime qu'elle était venue confirmer auprès des gendarmes la thèse de la dépression et des prétendues idées suicidaires de Marie-Claude, cette thèse étant bien évidemment très confortable pour la défense de Fabrice F.

Force est de constater que l'amour rend aveugle et que cet aveuglement a conduit Isabelle R. à croire peut-être en l'innocence de son amant jusqu'au terme de son procès, malgré les signes évidents de sa culpabilité.

Je n'ai pas manqué de lui rappeler que dès 9 h 20, le jour du drame, Fabrice F. adressait un message à Isabelle R. par SMS pour l'informer du décès de son épouse, alors même qu'il était présent devant la dépouille de celle-ci, en présence des gendarmes.

Dans la continuité des débats portant sur la relation adultère nouée entre l'accusé et Isabelle R., les jurés ont vu arriver à la barre des témoins Jean-Jacques B., l'oncle de l'accusé, qui a fait une présentation assez truculente bien qu'accablante de Fabrice F. Il a eu notamment cette expression particulière, à savoir que « Fabrice jouait le Daval », Jean-Jacques B. faisant référence à la scène où Fabrice F. semblait se forcer pour pleurer le décès de sa défunte épouse, alors même que Jean-Jacques B. avait découvert qu'il entretenait une relation adultère avec Isabelle R. Jean-Jacques B. avait notamment assisté à cette scène surréaliste à son domicile où il hébergeait Fabrice F. après le décès de Marie-Claude, au cours de laquelle l'accusé remplissait les faire-part de décès destinés aux proches en compagnie d'Isabelle R. à ses côtés à la table de Jean-Jacques B.

Après avoir découvert cette dissimulation de la relation adultère ainsi que les mensonges de Fabrice F. et ses manœuvres pour manipuler les témoins et lui-même, Jean-Jacques B. s'était retourné contre son neveu par alliance, ayant bien pris conscience de ses actes de manipulation et de sa perfidie.

Par un effet de contraste, après cette séquence dédiée à la relation adultère de Fabrice F., la fille de Marie-Claude, Sandra, puis les petites-filles de la victime et deux de ses sœurs sont venues alors apporter leurs témoignages devant les jurés, empreints d'émotion, de sincérité, de dignité et de retenue.

Les victimes par ricochet de l'assassinat perpétré par Fabrice F. n'ont eu que peu de mots à son encontre et n'ont pas laissé la place à la haine, préférant évoquer la mémoire de Marie-Claude, ses qualités humaines et les souvenirs heureux noués avec la défunte. Il était d'autant plus surprenant de relever l'absence de haine témoignée par Sandra, la fille de Marie-Claude, à l'encontre de Fabrice F., alors même que celui-ci avait non seulement assassiné sa mère mais avait de surcroît fait peser le poids de la culpabilité liée à sa disparition sur les épaules de sa fille, présentée à tort comme vénale et ingrate envers sa mère.

C'est en effet un comble pour un assassin qui a tué son épouse afin de vivre avec sa maîtresse le parfait amour, en faisant l'économie d'un partage patrimonial aux termes d'un divorce, de tenter de faire grief à sa belle-fille de sa prétendue vénalité et des relations la liant à sa mère, surtout lorsque l'on sait que Marie-Claude devait déjeuner le jour de son décès avec sa fille pour renouer et ainsi reprendre leur relation, ce qui constituait leur désir réciproque en cet instant. Un désir entravé par le projet criminel de Fabrice F. qui est passé à l'acte le matin même et a empêché ainsi définitivement une mère et sa fille de pouvoir reprendre leur lien d'affection au cours du déjeuner programmé.

J'ai profité de la présence de Sandra pour lui rendre un hommage appuyé ainsi qu'à ses filles, aux frères et sœurs de Marie-Claude dont l'attitude lors du procès a été remarquable de dignité et d'humanité pendant les débats, et ce en totale opposition avec l'inhumanité manifestée par l'assassin de Marie-Claude.

Est alors venu le moment d'entendre à la barre la mère et le frère de Fabrice F. qui, tous deux, l'avaient soutenu avec abnégation pendant l'instruction afin de défendre son innocence.

Plus encore, Fabrice avait tenté d'utiliser à plusieurs reprises son frère et le lien fraternel qui l'unit à lui afin que celui-ci rencontre certains témoins pendant l'enquête et pour leur faire part des indications données par Fabrice depuis sa maison d'arrêt durant les parloirs.

La mère et le frère de Fabrice avaient joué un rôle particulier au cours de la garde à vue de celui-ci, dès lors qu'ils s'étaient déplacés au sein des locaux de la gendarmerie à la demande de l'accusé. Ils avaient pu avoir un échange confidentiel avec Fabrice avant que celui-ci ne livre ses aveux partiels aux gendarmes pendant son audition.

Or, la mère et le frère de Fabrice tenaient particulièrement à tenter d'effacer les aveux faits par Fabrice en garde à vue, en expliquant qu'ils auraient été soi-disant piégés par les gendarmes à cette occasion et que Fabrice ne leur avait pas véritablement avoué avoir tué Marie-Claude lors de cet entretien confidentiel familial dans les locaux de gendarmerie.

Cette tentative de leur part visant à tenter d'effacer de la procédure les aveux faits par Fabrice ne pouvait pas aboutir favorablement, dès lors que celui-ci avait réitéré ses mêmes aveux faits en famille devant les gendarmes, et alors qu'il était en garde à vue puisque nous étions dans une procédure criminelle.

J'avais pu moi-même visionner l'audition de Fabrice en garde à vue au moment de ses aveux et me convaincre ainsi du fait que ses aveux avaient été présentés de manière spontanée par l'accusé sans que les gendarmes n'exercent de pression sur lui à ce moment-là. À l'issue de ses aveux présentés aux gendarmes pendant sa garde à vue, la mère et le frère de Fabrice avaient eux-mêmes été entendus séparément par les gendarmes et avaient confirmé que Fabrice venait de leur avouer son crime.

La mère et le frère de Fabrice tentèrent alors d'expliquer devant la cour d'assises que les propos tenus aux gendarmes en audition avaient été déformés et qu'ils n'auraient pas affirmé avoir reçu de tels aveux de la part de Fabrice. Mais ces nouvelles affirmations se heurtaient au contenu des écoutes téléphoniques exploitées par les enquêteurs entre les protagonistes.

Il ressortait notamment d'une écoute téléphonique entre la mère de Fabrice et le frère de l'accusé que celle-ci disait en parlant de Fabrice et de la garde à vue : « Il nous a dit qu'il l'a tuée. »

Dans ces conditions, il devenait difficile de convaincre les jurés du fait que Fabrice n'aurait pas présenté ses aveux, même partiels, à sa mère et à son frère, avant de livrer ces mêmes aveux aux gendarmes.

Il est, bien évidemment, humainement compréhensible qu'une mère ou qu'un frère tentent de sauver l'accusé auquel ils sont liés par le sang, mais cette tentative de sauvetage apparaissait vaine en l'espèce, dès lors qu'elle se heurtait au contenu même de leurs auditions, mais également des écoutes téléphoniques, outre le fait que cette procédure de garde à vue avait été validée sur le plan procédural par la chambre de l'instruction.

Le temps de l'expert psychologue et de l'expert psychiatre est alors venu, qui allaient présenter leurs conclusions sur la personnalité de Fabrice. La description en a été accablante : « Un homme matérialiste, manipulateur, voulant exercer son contrôle sur les autres, narcissique, égocentrique, soucieux d'adapter son discours et procédant à des aménagements avec la réalité. » Ce portrait pouvait apparaître sévère, mais correspondait néanmoins au comportement affiché par l'accusé pendant les investigations, tant en ce qui concerne les tentatives de manipulation des témoins que pour tenter de démontrer la supériorité de son intelligence sur celle du directeur d'enquête.

Enfin, au terme des débats, le temps de l'interrogatoire de l'accusé sur les faits criminels qui lui étaient reprochés est venu.

Conformément à mes attentes, j'ai pu constater que Fabrice F. était très à l'aise dans la maîtrise de son dossier tant sur le plan factuel que dans les explications techniques qu'il pouvait fournir sur le plan balistique et médico-légal afin de tenter de démontrer son innocence et d'asseoir ainsi la thèse du suicide par arme à feu chez une femme dépressive.

Néanmoins, conformément à la stratégie envisagée, j'ai décidé de pratiquer le contre-interrogatoire de Fabrice F. en portant mes efforts non pas sur le plan des éléments techniques mais sur ses contradictions, ses mensonges, ses aveux en garde à vue, ses manipulations constantes des témoins et ses actes d'entrave à l'enquête, sans oublier la teneur des messages échangés avec sa maîtresse tant avant qu'après les faits en cause.

Il est ainsi apparu que Fabrice F. était beaucoup moins à l'aise pour tenter d'expliquer l'inexplicable et notamment ses contradictions et ses mensonges, ses revirements et son adaptation aux éléments qui lui étaient livrés au cours de l'instruction, notamment sur le plan expertal.

Il a fini par s'agacer de mes questions accusatrices et de mon usage de ses aveux, insupportables à ses yeux car constituant le seul élément de faiblesse qu'il avait manifesté au cours de l'enquête, son erreur fondamentale au cours de la garde à vue qu'il n'avait pas réussi à effacer du dossier, mais qu'il regrettait amèrement.

Il a eu alors cette formule assez malheureuse : « Je veux bien reconnaître si on me met les preuves sur la table. »

Cette phrase traduisait à elle seule la personnalité profonde de cet accusé qui n'acceptait pas d'avoir été mis en défaut par le directeur d'enquête et qui, plutôt que de protester farouchement de son innocence, préférait opposer à son contradicteur sa vérité selon laquelle il n'y aurait pas de preuve matérielle insurmontable de sa culpabilité.

C'était une sorte de défi fait à l'accusation, apportez la preuve irréfutable de ma culpabilité et je passerai aux aveux. À défaut, n'attendez rien de moi.

Le temps des plaidoiries est arrivé.

Pour ma part, j'ai consacré mon propos à rappeler aux jurés composant la cour d'assises le déroulement machiavélique de cet assassinat mûrement réfléchi : l'usage d'une arme à feu utilisée par un mari contre son épouse pendant le sommeil de celle-ci pour lui ôter la vie, puis le maquillage de la scène de crime, l'envoi de messages à Sandra, la fille de la victime, en tentant de se faire passer alors pour Marie-Claude et ainsi égarer les enquêteurs, puis de faire porter la culpabilité sur la fille de la victime afin de tenter de convaincre les proches de la prétendue responsabilité morale de celle-ci dans le décès par le prétendu suicide de Marie-Claude, après des mois d'une dépression répétée à l'envi par son mari à tout leur entourage, comme pour préparer les esprits au malheur qui allait frapper, mais aussi le rappel du mobile terrible de cet accusé, l'argent, la cupidité de ne pas perdre la moitié de son patrimoine dans un divorce nécessaire pour parvenir à vivre le grand amour avec sa maîtresse, en conservant l'intégralité de ses richesses, mais aussi la motivation passionnelle liée à la volonté de poursuivre une relation adultère cachée et de se débarrasser d'une épouse devenue bien trop encombrante.

Bref, un scénario digne de Colombo.

Je tenais alors à rappeler aux jurés :

• Les mensonges de Fabrice F. qui avait présenté deux, voire trois versions distinctes aux enquêteurs, dont l'une constituait ses aveux qu'il avait formulés dans un instant de faiblesse au cours de sa garde à vue.

• Les actes de manipulation de Fabrice F. à l'égard des témoins pour les convaincre de la réalité du scénario suicidaire, mais aussi pour leur demander de supprimer des SMS embarrassants, ainsi que l'invention du gendarme fictif de Colmar appartenant à ses amis pour convaincre son auditoire de l'évolution favorable de l'enquête le concernant, alors même que celle-ci ne faisait que démontrer sa culpabilité.

• Les entraves à l'enquête pour dissimuler sa relation adultère, polluer la scène de crime et faire disparaître certains éléments matériels, tels que des messages.

Bref, Fabrice avait déployé un trésor d'imagination et d'efforts afin de tenter d'entraver les investigations des gendarmes qui aboutirent néanmoins à la démonstration de sa culpabilité.

Fabrice F. n'avait d'ailleurs de cesse, au cours de l'enquête, de critiquer les gendarmes, sa belle-fille, le juge d'instruction, l'expert psychiatre, et de considérer que tous ses contradicteurs ne pouvaient réussir à démontrer sa culpabilité, alors même qu'il pensait avoir réalisé le crime parfait grâce à son intelligence machiavélique.

Mais le crime parfait n'était pas celui commis par Fabrice F. au préjudice de son épouse.

La cour d'assises ne s'est pas trompée en le déclarant coupable du chef de l'assassinat de Marie-Claude et en le condamnant à la peine de trente ans de réclusion criminelle pour son crime.

Alors même que Fabrice F. avait protesté pendant l'instruction et son procès de son innocence, avec vigueur et abnégation, il ne releva pas appel de sa condamnation.

Ce fut l'épilogue de cette affaire.

Interview de maître Bruno Nicolle, avocat pénaliste à Dijon

1) Pouvez-vous donner votre définition de la morale et de la loi ?

Elles ont des caractéristiques communes, ce qui explique qu'elles soient parfois confondues : la morale est un ensemble de valeurs fondant un ensemble de normes de comportement ; la loi est un ensemble de normes de comportement inspirées par des valeurs.

Cependant, elles diffèrent fondamentalement en ce que la morale est plurielle alors que la loi, elle, est unique : il peut exister autant de morales que d'individus, alors que la loi est l'expression de la volonté générale et s'applique comme telle à tous les individus d'une même société.

En d'autres termes, la morale est individuelle, ce qui n'exclut pas qu'elle soit partagée par plusieurs individus ; la loi est collective car décidée en commun et s'impose « de l'extérieur » aux individus sans que leur morale personnelle puisse justifier qu'ils l'enfreignent.

2) La morale est-elle rentrée dans les prétoires ?

Elle est inhérente au prétoire, elle n'en est donc jamais sortie. Chaque individu entre en audience avec ce qu'il est, donc avec sa morale, plus ou moins commune selon les sujets avec celle de son voisin. Aucun des acteurs du procès ne peut prétendre honnêtement ne plus être lui-même quand il requiert, plaide ou juge.

L'indépendance, qui est une obligation partagée par chacun des professionnels au procès, est plus encore une ambition, voire une fiction, comme le droit en connaît beaucoup : dans sa substance la plus intime, elle impose à chacun d'appliquer aux cas particuliers une volonté qui n'est pas la sienne mais celle supérieure d'un être qui l'est tout autant, le peuple, exprimée par ses représentants : la loi.

Un tel effort sur soi-même relève à maints égards de la quadrature du cercle, raison pour laquelle on peut constater selon les époques que la loi a changé, mais les juges aussi, certaines avancées sociales fortement connotées moralement ayant été d'abord jurisprudentielles avant d'être reprises dans la loi.

En résumé, le principe du contradictoire, cher au procès, n'est pas seulement un principe d'audience, mais existe ou doit exister en chacun des professionnels qui participent au procès comme une confrontation, plus ou moins forte et plus ou moins loyale, entre sa morale et la loi.

3) Les juges professionnels sont-ils sensibles à la morale, à l'opinion publique et aux médias dans leurs décisions ?

Sensibles, pas toujours, exposés, certainement. Ils sont comme tout un chacun exposés à leur morale personnelle et à l'air de leur temps, c'est-à-dire à toutes les influences, voire les pressions extérieures du monde dans lequel ils vivent. S'il en était autrement, ils deviendraient dangereux pour eux-mêmes et pour les autres. Est-il d'ailleurs répréhensible qu'ils y soient sensibles si, dans les décisions qu'ils prennent pour l'application de la loi, ils veillent à leur pertinence et à leurs effets sur leur environnement social ? L'indépendance du juge n'est pas une déconnexion, ni de la société ni de lui-même.

En revanche, le vrai, voire le seul, danger en la matière n'est pas que le juge soit sensible à son environnement ou à son intimité, c'est qu'il s'y soumette ou qu'il se mette à son service sous couvert formel de la loi. Ce passage à l'acte est d'autant plus dangereux que s'il n'est pas invisible à des yeux exercés, il est particulièrement difficile à empêcher, au point de l'être trop souvent en vain. L'application de la loi est très, sinon totalement dépendante du juge, puisqu'au final, c'est lui qui décide.

Les juges ne sont pas des machines, et c'est heureux, mais ils ne sont pas que la bouche d'une volonté générale (la loi) qui déciderait à leur place ou au-dessus d'eux. Force est d'admettre que, dans une salle d'audience, ils sont la loi. Force n'est pas moins de constater parfois, et donc trop souvent, qu'ils font la loi. Il faut aussi admettre que les qualités qu'on exige d'eux participent de la difficulté de leur mission et qu'étant décideurs ils sont l'objet de toutes les attentes et de nombreuses critiques. Ce qui est anormal n'est pas d'être en désaccord avec un juge sur sa décision, mais de constater qu'elle a été prise pour des motifs étrangers aux objectifs de la loi et à l'aide de son texte : le contentieux de la liberté est à ce sujet « exemplaire » au point que la détention provisoire a perdu statistiquement le caractère exceptionnel voulu par la loi, et ce malgré la création législative d'un juge dédié spécialement à la liberté et à la détention.

Comme tout détenteur d'un pouvoir, le juge est l'objet de pressions extérieures en plus de ses tiraillements intérieurs auxquels elles se rajoutent. Leur résister pour servir et non pour se servir ou s'y abandonner est tout l'enjeu et la difficulté de sa fonction. Parce qu'ils sont des humains, ils n'y parviennent pas toujours et quand ils y parviennent – le plus souvent peut-on espérer –, c'est quand le professionnel (compétence, conscience et déontologie) l'a emporté sur toute autre personne ou considération.

4) Est-il plus difficile aujourd'hui d'exercer le métier d'avocat de la défense ?

Je ne pense pas. Je pense que les difficultés ont changé avec les époques. Par exemple, avec l'abolition de la peine de mort, la défense pénale a heureusement perdu une difficulté essentielle : il y a toujours une vie dans le box, mais il n'y a plus à la défendre contre la mort. De même, le délit d'audience a disparu et l'avocat ne prête plus serment aux institutions, mais aux valeurs sans lesquelles il n'existe pas d'avocat : dignité, conscience, indépendance, probité et humanité. L'avocat n'a pas de pouvoir, il n'a que des moyens, mais ils sont nombreux et il a la liberté d'en faire usage : tous nos confrères à l'étranger ne peuvent pas en dire autant qui, pour certains, risquent même leur vie. Nous avons une liberté de parole et d'expression à certains égards privilégiée et encore bien protégée.

En d'autres termes, nous avons les moyens d'exercer notre mission de défense contre les excès du pouvoir. S'opposer à la force avec le droit a toujours été difficile et l'avocat ne peut pas rechercher la plus grande force, encore moins la violence. Convaincre celui qui a le pouvoir de l'exercer dans un sens pertinent compatible avec la loi est l'ambition et l'objectif de l'avocat de la défense. Si la défense pénale est (trop) souvent tenue en échec, ce n'est pas parce qu'elle a tort, c'est parce qu'elle n'a pas le pouvoir : le choix qui fait la décision ne lui appartient pas, mais l'avocat met (ou pas) tout en œuvre pour obtenir, parfois arracher, au juge une décision favorable à l'humain qu'il défend sans être contraire à la loi, voire exigée, par elle. De ce point de vue, la difficulté est inhérente à la défense et transcende toutes les générations d'avocats.

Cependant, chaque période a ses difficultés particulières pour les avocats de la défense. J'en soulignerai deux sans prétendre à l'exhaustivité, mais parce qu'elles me paraissent marquer l'exercice actuel de la défense pénale.

En premier lieu, la montée en puissance des mesures de surveillance et de l'arsenal répressif en rapport avec la montée de la violence accroît la pression sur l'exercice des libertés publiques, mais également sur les possibilités pour les avocats d'être entendus : il faut aller fort et vite, quitte à limiter ou retarder, puisqu'on ne peut s'en passer, le temps et parfois la place de l'avocat. Dans les temps présents, le besoin de sécurité invoqué par l'État presse non seulement les textes légaux mais également les conditions de leur application par le juge, doublement exposé à l'affirmation de sa faiblesse par l'opinion et par les autorités chargées de l'ordre public. Cette situation augmente le besoin d'avocat et la difficulté de faire face à la fois qualitativement et quantitativement à l'augmentation des procédures pénales et administratives générée par la superposition des violences sociales de tous ordres et des mesures prises pour y mettre un terme et les sanctionner.

En second lieu, l'exercice de la défense pénale est marqué depuis plusieurs années déjà par la détérioration des relations entre avocats et magistrats. Ce constat est un fait qui ne désigne pas de coupable ni n'exclut heureusement le maintien de relations pertinentes. Il est cependant loin le temps où les effectifs et l'origine sociale commune des uns et des autres les réunissaient au sein du Palais en microcosme familial plus ou moins harmonieux. Les temps changent et c'est heureux sur bien des aspects, ça l'est moins sur d'autres.

Jadis, l'hypocrisie venait au secours de la sympathie défaillante pour préserver le respect des personnes et des fonctions. L'éducation préservait de tout ou presque, et rares étaient les incidents ou les comportements irrévérencieux. Aujourd'hui, les inimitiés ne se cachent plus, les propos désobligeants voire mieux (ou pire) en audience s'exposent devant l'incrédulité du public. Il est vrai qu'à l'outrage à magistrats, pénalement sanctionné, est insusceptible de s'opposer un outrage à avocat que la loi n'a jamais prévu.

La manière de se parler s'est dégradée, la manière de s'écouter s'est également dégradée alors que la contradiction dans le prétoire n'exclut nullement, quelques tournures vives qu'elle prenne, de porter attention à ce qu'exprime le juge, le justiciable, le procureur ou l'avocat. Les juges ne sont pas seuls responsables de cette dégradation évidemment, mais ils y contribuent, particulièrement ceux qui ne cachent pas leur aversion profonde pour les avocats, quels qu'ils soient.

Aucune généralisation n'est possible en la matière et à un exemple de dégradation de la relation peut être opposé l'exemple contraire, et c'est heureux bien sûr. Le constat révèle un climat, qui est aussi celui de notre société, où le temps de bien faire, l'envie de justice, le plaisir et non simplement le devoir de débattre sont dévalorisés par la consommation d'un résultat qui fasse autorité statistiquement prouvée.

Une société qui ne se parle plus est une société qui parle avec ses poings. La défense pénale y est en butte de plus en plus avec son temps de parole. Sauf à s'écouter parler, l'avocat qui parle doit être écouté ; c'est ce qu'il dit qui est important, ce n'est pas le temps pris pour le dire car son temps est tout aussi précieux dans son métier que celui du magistrat pénal dans le sien. Combien d'avocats en défense sont interrompus par le juge, alors même que les enjeux sont importants et que la condamnation sera lourde ? Le procès, pour ne pas dire les mots, sont précisément là pour succéder, remplacer, réparer si possible, et non seulement sanctionner la violence ou l'atteinte.

Je dis à ceux qui pensent que l'avocat devant eux plaide trop long : peu importe s'il est intéressant pour votre décision, pour peu que vous l'écoutiez. Et puis après tout, c'est votre office que de l'écouter et si vous le subissez, sachez qu'il en subit beaucoup lui aussi de votre part dans l'exercice même auquel il se livre devant vous.

Les comportements ne sont pas univoques ni exclusifs à tel ou tel dans le procès pénal. Le constat est néanmoins profond car il dépasse le simple cadre de l'audience pour s'étendre aux relations du quotidien où pousser la porte d'un magistrat, échanger avec lui sur un dossier, voire une issue pénale, devient de plus en plus compliqué. Les badges qui isolent les greffes et les cabinets n'en sont pas seuls responsables. Il y a chez de plus en plus de magistrats une méfiance et parfois une hostilité envers les avocats qui leur font prendre leurs distances, voire refuser tout contact, quand d'autres encore nombreux sont plus ouverts aux échanges sur les dossiers ou les difficultés qui peuvent s'y poser. Un dialogue courtois où chacun reste dans sa mission est pourtant insusceptible de porter atteinte aux fonctions et à l'indépendance des acteurs du procès pénal. La question souvent posée parmi les avocats est de savoir s'il s'agit d'une configuration de génération ou s'il s'agit d'une méthode, pire d'un enseignement. Je l'ignore ; en tout cas, ce n'est pas une question d'âge ni de fonctions, ni de juridiction, quoique les plus petites semblent plus à l'abri de ce phénomène.

En tout état de cause, les difficultés inhérentes à la défense pénale font aussi son intérêt et son honneur. Si l'on craint la difficulté, combien de métiers refuserait-on de faire ? L'essentiel pour le faire en conscience est de savoir que l'on ne s'y livre pas complètement par hasard et qu'on y rend un service nécessaire dans une société. Au surplus, si l'on y voit beaucoup de misères et de souffrance, on y rencontre également beaucoup de beauté et d'humanité.

5) Quel est votre meilleur souvenir et le pire en tant qu'avocat de la défense ?

Mon meilleur souvenir est de convaincre le juge de la décision que je l'invite à prendre en faisant siens mes arguments si, usant du narcissisme de l'avocat, je regarde mon plaisir et ma personne. Mon meilleur souvenir est de voir un homme libre échapper à la détention que lui promettait l'accusation ou un homme détenu injustement recouvrer sa liberté ; et avec eux le bonheur de leurs familles. Cependant, je n'oublie jamais que je n'ai pas le pouvoir de mettre en liberté parce que, heureusement, je n'ai pas celui d'en priver quelqu'un : je n'oublie donc jamais le juge dans ces cas-là car c'est toujours de lui que dépend essentiellement la liberté d'un homme.

Mon pire souvenir est de voir l'homme libre que je défends déclaré coupable et condamné à vingt ans de réclusion criminelle en appel après qu'il a été acquitté par la première cour d'assises devant laquelle je le défendais également. Dans ce cas-là, plus que dans les autres, le mandat de dépôt à la barre est d'une violence incommensurable.

POSTFACE

PAR CLAUDEL GEORGES DELUMEAU, AVOCAT PÉNALISTE EN GUADELOUPE

Jamais le monde n'a eu autant besoin de droit, besoin de régulation, de normes. Il n'existe pas de société sans règles et les avocats, en tant que défenseurs des droits, ont une responsabilité cruciale dans la défense des valeurs démocratiques et de l'État de droit.

Cet État de droit qui constitue le socle même du vivre ensemble, notre dénominateur commun, peut vaciller en un instant, y compris dans les plus grandes démocraties du monde telles que les États-Unis avec l'invasion du Capitole ou la volonté de remise en cause du droit à l'avortement.

Cet État de droit, aussi fragile que mouvant, qui a besoin d'infatigables gardiens pour rappeler que les règles que nous établissons sont notre bien commun à tous, qui s'impose à tous.

Randall en est assurément un des plus redoutables et fidèles gardiens.

Déjà à l'école d'avocats de Dijon, nous étions tous admiratifs de sa passion dévorante pour le droit, oui, on peut parler de passion tant nous étions stupéfaits par sa capacité à citer les dernières jurisprudences de la Cour de cassation ou le moindre article du Code pénal.

Il me vient à l'esprit cet échange entre maître Randall Schwerdorffer, alors élève avocat, et un juge d'instruction formateur à l'école : « Non, Monsieur, ce que vous venez d'indiquer est obsolète, la position de la Cour de cassation a évolué sur la question » devant une assemblée médusée et admirative par autant d'aplomb, et après recherche, bon joueur, le juge finissait par admettre que l'auteur avait raison.

En droit et particulièrement dans les affaires criminelles, il faut toujours se méfier de l'évidence, aime rappeler l'auteur.

La lecture de cet ouvrage nous invite à une analyse profonde et nuancée des relations complexes entre la loi, la morale, les affaires criminelles, notamment en matière de mœurs.

Les affaires de mœurs et criminelles, souvent entourées de stigmatisation et de silence, sont traitées ici avec sensibilité et une grande rigueur. En particulier, l'impact du mouvement #MeToo, qui a permis la révélation de nombreux abus et harcèlements dans diverses sphères de la société, est examiné d'un œil critique lucide et objectif, avec une profondeur qui nous pousse à une introspection nécessaire.

Nous sommes littéralement transportés par l'auteur au cœur même du système judiciaire, avançant avec lui dans la recherche de la manifestation de la vérité.

Tout est sujet à analyse, la réflexion pousse au recul, la critique ouvre les champs du possible.

C'est ainsi qu'à chaque retrouvaille en Guadeloupe, autour d'un ti-punch, du boudin et des acras, dans cette île papillon que l'auteur chérit tant, nos discussions sont toujours intenses et passionnées.

Tout est scruté et débattu :

• Des défis du monde qui se trouve à un carrefour sans précédent, marqué par l'émergence fulgurante des nouvelles technologies et de l'intelligence artificielle. Comment l'humain peut-il, doit-il, s'inscrire dans ce nouvel environnement ? Ces avancées, porteuses de fortes promesses, soulèvent des questions éthiques et sociétales majeures. L'homme est pourtant résolument engagé sur cette voie alors même que les implications profondes qu'elles engendrent pour l'humanité ne sont pas clairement connues.

• Des tensions géopolitiques entre les grandes puissances. La guerre froide est de retour, les rivalités historiques, exacerbées par des enjeux économiques et technologiques, mettent à l'épreuve les fondements mêmes de la coopération internationale. La menace d'emploi de l'arme nucléaire est devenue une rhétorique acceptée. Les guerres de religion, quant à elles, continuent d'alimenter des conflits dévastateurs, rappelant que les luttes pour les territoires, l'identité et la croyance sont plus que jamais d'actualité.

• Des organisations internationales telles que l'ONU, garante de la paix mondiale, font face à des critiques croissantes quant à leur efficacité à prévenir les conflits. La Cour pénale internationale montre son impuissance à faire respecter le droit dans un paysage où les puissances agissent souvent en dehors des normes établies.

• Des défis écologiques nombreux et sans précédent s'imposent à nous et aux futures générations, la planète est à bout de souffle : dérèglement climatique, continent de plastique, déforestation, destruction de la biodiversité. La célèbre phrase du président Jacques Chirac, prononcée lors du IVe Sommet de la Terre en 2002, « Notre maison brûle et nous regardons ailleurs », est restée gravée dans les mémoires, mais sans réelle prise de conscience de nos gouvernants.

Les politiques publiques doivent être évidemment repensées pour promouvoir un développement durable, conciliant croissance économique, justice sociale et protection de l'environnement. Les entreprises et les ménages doivent y prendre toute leur part également en adoptant un comportement plus écoresponsable.

Et, naturellement, on ne peut s'empêcher de s'interroger sur l'avenir de nos enfants. Comment doivent-ils s'inscrire dans ce monde en mutation ? Comment en tant que parent peut-on les préparer au mieux ?

L'éducation joue un rôle fondamental dans la préparation des générations futures à ces défis complexes. L'école doit évoluer pour apporter à la nouvelle génération non seulement des connaissances techniques mais aussi une compréhension profonde des enjeux éthiques, environnementaux et sociaux et former des citoyens éclairés dotés d'un sens critique et capables d'agir de manière responsable.

Autant d'enjeux que la loi se doit d'appréhender. Elle doit en être à la fois la cause et la conséquence.

Léon Duguit disait : « Le droit n'est pas autre chose que la forme extérieure par laquelle les relations vitales de la société sont réglées. »

Ainsi vont nos discussions… toujours fournies entre deux amis de longue date, frères de cœur. Maître Randall Schwerdorffer, avocat passionné par son métier, nous livre toujours le meilleur quand il partage avec nous…

Composition et mise en pages
Nord Compo à Villeneuve-d'Ascq

Imprimé en France par
CPI Bussière
en octobre 2024
N° d'impression : 2080473